PICCOLA GUIDA ALLA COMUNICAZIONE UMANA

Giuseppe Pasquale Fazio

PICCOLA GUIDA ALLA COMUNICAZIONE UMANA

Via Roma, 32

83016 Roccabascerana

Avellino - Italia

gpfazio@libero.it

PRIMA EDIZIONE: 2016

ISBN: 978-1-326-75908-7

ID: 19196030

Il disegno di copertina è di Ronny Overhate - Freelance Photographer & Graphic Designer.

DISTRIBUITO DA:

Lulu Press, Inc.

3101 Hillsborough Street

Raleigh, NC 27607

United States

Metà della popolazione mondiale è composta da persone che hanno qualcosa da dire ma non possono; l'altra metà da persone che non hanno niente da dire e continuano a parlare.

Robert L. Frost

Struttura

Premessa

Introduzione

Capitolo 1: Fondamenti della Comunicazione

Capitolo 2: I Cinque Assiomi della Comunicazione

Capitolo 3: Teorie e Modelli della Comunicazione

Capitolo 4: Tecniche per una Comunicazione Efficace

Capitolo 5: Discomunicazione e Malintesi

Capitolo 6: Comunicazione Patologica e Tossica

Capitolo 7: Propaganda e Manipolazione Comunicativa

Capitolo 8: L'Arte della Comunicazione Interpersonale

Premessa

Benvenuto nella nostra piccola avventura nel mondo della comunicazione umana! Prima di tutto, mettiamoci comodi e facciamoci una domanda: **perché mai dovremmo preoccuparci della comunicazione?** Voglio dire, non lo facciamo già tutti i giorni senza nemmeno pensarci? Mandiamo messaggi, parliamo con i colleghi, litighiamo con il telecomando e sussurriamo dolci parole al nostro gatto (che, tra parentesi, probabilmente non ci ascolta).

Eppure, c'è una differenza enorme tra **parlare** e **comunicare**. Tutti parlano, sì, ma comunicare davvero è un'altra storia. La comunicazione non riguarda solo lo scambio di parole; è quella cosa sfuggente che, quando funziona, crea connessioni reali, chiarisce i malintesi e costruisce relazioni durature. E quando non funziona... beh, tutti sappiamo com'è finire a discutere con qualcuno che non capisce o non vuole capire quello che stiamo cercando di dire!

Perché una guida alla comunicazione?

Mettiamola così: saper comunicare è come avere un superpotere. Può trasformare i conflitti in conversazioni pacifiche, far capire le tue idee al capo più sordo e persino farti sembrare affascinante durante un primo appuntamento (ok, forse su quest'ultimo punto è necessaria un po' di pratica!). Ma c'è una buona notizia: **la comunicazione non è una dote innata** riservata a pochi eletti. È una competenza che possiamo tutti imparare e migliorare.

Questa guida nasce con l'obiettivo di darti gli strumenti per affinare le tue abilità comunicative, in modo che tu possa navigare nelle conversazioni più difficili come un esperto capitano in mezzo alle tempeste. E non preoccuparti: non stiamo per addentrarci in pesanti discorsi accademici pieni di termini complicati. Qui si parla in modo chiaro, diretto e, quando serve, con una buona dose di ironia.

La nostra missione: rendere la comunicazione semplice e autentica

Il mondo è pieno di guide su "come parlare meglio" o "come fare una buona impressione", ma spesso dimenticano la cosa più importante: **essere sé stessi**. In questa guida, non ti diremo mai di recitare copioni o di indossare maschere. L'obiettivo è farti sentire a tuo agio con il tuo stile di comunicazione naturale, aiutandoti a essere più autentico e sicuro di te in ogni interazione.

Affronteremo insieme tutto ciò che serve per diventare dei veri maestri della comunicazione, dai fondamentali agli intricati meccanismi che rendono una conversazione davvero efficace. Scopriremo le trappole più comuni, come quelle che ci portano a fraintendere o a farci fraintendere, e parleremo di come difenderci dalle manipolazioni di chi cerca di usare le parole come un'arma.

Le emozioni: il vero linguaggio della comunicazione

Se c'è una cosa che rende la comunicazione davvero interessante (e complicata) sono le **emozioni**. Le emozioni sono come i condimenti di una ricetta: puoi avere tutti gli ingredienti giusti, ma se esageri o ne dimentichi qualcuno, il risultato finale può essere un disastro. Impareremo insieme come riconoscere le emozioni dietro le parole e come usarle per rafforzare le nostre connessioni con gli altri.

Non c'è niente di peggio che cercare di spiegare qualcosa di importante quando sei arrabbiato o ansioso. Ecco perché esploreremo anche alcune tecniche pratiche per gestire le emozioni nelle conversazioni, in modo che non siano loro a gestire te. La comunicazione emotiva è una delle chiavi più potenti che possiamo avere per costruire relazioni vere e significative.

Il pericolo della comunicazione tossica e della discomunicazione

C'è un lato oscuro nella comunicazione, e no, non stiamo parlando di un nuovo film di fantascienza. La **comunicazione patologica** è quella che porta i rapporti alla deriva, che crea tensioni e malintesi invece di risolverli. È la zona grigia in cui le parole diventano armi, e i toni si fanno taglienti come coltelli. In questa guida, non solo parleremo di come riconoscere queste dinamiche tossiche, ma anche di come neutralizzarle con eleganza.

La discomunicazione è un'altra bestia difficile da domare: quel fenomeno frustrante in cui, per quanto ci sforziamo, sembriamo parlare una lingua completamente diversa da quella del nostro interlocutore. Se hai mai avuto una conversazione che ti ha fatto pensare "Come ha fatto a fraintendermi così tanto?", allora sai di cosa stiamo parlando. Impareremo a identificare i segnali della discomunicazione e a trasformarli in opportunità per chiarire e ristabilire il dialogo.

Propaganda e manipolazione: le parole come armi di persuasione

Viviamo in un mondo dove non tutte le conversazioni sono genuine. A volte, dietro a un messaggio apparentemente innocente, si nasconde una strategia ben congegnata per manipolare i nostri pensieri e influenzare le nostre decisioni. La **propaganda** è uno dei fenomeni più affascinanti (e pericolosi) della comunicazione umana.

Siamo tutti esposti a messaggi manipolativi, dai post sui social media ai discorsi dei politici. In questa guida, imparerai a riconoscere le tecniche di propaganda e come proteggerti dai tentativi di persuasione occulta. È un po' come allenare i tuoi sensi a vedere il vero messaggio nascosto tra le righe: un superpotere che non vorrai mai perdere!

Perché leggere questa guida?

Potresti chiederti, "Perché dovrei leggere questa guida sulla comunicazione? So già parlare!". E hai perfettamente ragione, parli benissimo. Ma saper comunicare davvero, soprattutto in modo efficace, è molto più di un semplice chiacchierare. È come la differenza tra saper cucinare un uovo e preparare un soufflé: entrambi sono buoni, ma uno richiede molto più stile, tecnica e attenzione ai dettagli.

Questa guida è qui per aiutarti a trasformare le tue conversazioni quotidiane in veri momenti di connessione e comprensione. Che tu voglia migliorare le tue relazioni personali, evitare i malintesi sul lavoro, o semplicemente non perdere la pazienza durante una discussione con tuo cugino a cena, siamo qui per darti gli strumenti e la fiducia per riuscirci.

Un viaggio di crescita e consapevolezza

Leggere questa guida non farà di te un comunicatore perfetto dall'oggi al domani. E non è questo il punto. Il vero obiettivo è intraprendere un viaggio di crescita e consapevolezza, un percorso che ti porterà a conoscere meglio te stesso e il modo in cui interagisci con gli altri. È un po' come diventare esperti di un'arte antica: più pratichi, più ti accorgi di quante cose ci siano ancora da imparare.

La comunicazione è un viaggio continuo, fatto di piccole scoperte quotidiane e di momenti illuminanti. Ogni conversazione è un'opportunità per migliorare, per comprendere meglio gli altri e per esprimere chi sei veramente. Più imparerai a comunicare, più ti sentirai libero di essere te stesso, e scoprirai quanto sia potente connettersi davvero con chi ti sta intorno.

Un po' di ironia lungo il cammino

Non possiamo dimenticare una cosa fondamentale: **la comunicazione non deve essere presa troppo sul serio**. Sì, è importante, ed è alla base delle nostre relazioni, ma può anche essere incredibilmente divertente! Dopotutto, la vita è fatta di scivoloni, gaffe e risate spontanee. E la comunicazione è lì per rendere tutto questo ancora più interessante.

Quindi, mentre ci addentriamo in questo viaggio, non dimentichiamo di portare con noi un po' di leggerezza. Impariamo a ridere degli errori, a non prenderci troppo sul serio e a godere del processo di apprendimento. Perché, in fondo, **la comunicazione è anche un gioco**, e giocare con le parole è una delle cose più belle che possiamo fare.

Cosa troverai in questa guida

In questa guida, troverai non solo una panoramica completa delle tecniche di comunicazione, ma anche consigli pratici, esempi reali e riflessioni su come applicare tutto questo nella tua vita quotidiana. Esploreremo insieme argomenti come:

- **Fondamenti della comunicazione**: per capire cosa si nasconde dietro una conversazione efficace.

- **Emozioni e comunicazione**: per imparare a gestire i sentimenti senza farsi travolgere.

- **Propaganda e manipolazione**: per svelare i trucchi di chi cerca di manipolare le nostre opinioni.

- **Discomunicazione e malintesi**: per evitare le trappole più comuni nei dialoghi.

Ogni sezione è pensata per essere accessibile e pratica, senza tecnicismi inutili e con un linguaggio che speriamo trovi stimolante e piacevole. La nostra ambizione è che tu possa uscire da questa lettura non solo con più conoscenze, ma anche con un sorriso sulle labbra e la voglia di mettere in pratica tutto quello che hai imparato.

Sei pronto?

Preparati a un viaggio nel cuore della comunicazione, dove imparerai a sfruttare al meglio le tue parole, a connetterti con le emozioni degli altri e a costruire relazioni che vadano oltre il semplice parlare. Ci saranno momenti di riflessione, un pizzico di ironia e tanta, tanta pratica.

Sei pronto a scoprire quanto può essere potente la comunicazione quando impari a usarla con consapevolezza e autenticità? Bene, allora iniziamo! Buona lettura, e ricorda: il segreto per comunicare bene è divertirsi lungo il cammino.

Introduzione

Benvenuto nella giungla della comunicazione umana! Prima di tutto, dobbiamo ammetterlo: comunicare è uno degli atti più naturali e, allo stesso tempo, più complicati che facciamo ogni giorno. È come respirare, solo che spesso non ci rendiamo conto di quanto sia difficile finché non finiamo in un pasticcio verbale di proporzioni epiche. E sì, ci siamo passati tutti.

Immagina questa scena: sei in una riunione di lavoro, hai preparato il tuo discorso nei minimi dettagli, sei pronto a fare la tua migliore impressione, e proprio quando apri bocca... qualcuno ti fraintende completamente! Oppure ti trovi a cena con gli amici, racconti una storia esilarante e, anziché risate, ottieni solo sguardi vuoti. Ahi! Comunicazione fallita.

Allora, perché succede? Perché, nonostante tutti i nostri sforzi, le nostre parole a volte sembrano girarsi contro di noi? Bene, questa guida è qui per aiutarti a risolvere questi misteri e a scoprire **l'arte e la scienza della comunicazione efficace**. Non ti promettiamo che diventerai un guru della parola in un batter d'occhio, ma di sicuro avrai qualche asso nella manica per evitare le trappole più comuni e affrontare le conversazioni con maggiore sicurezza e un pizzico di umorismo.

La comunicazione: molto più che parole

Comunicare è un po' come suonare in una band jazz. Non basta semplicemente seguire lo spartito; devi improvvisare, ascoltare gli altri strumenti, capire quando entrare con un assolo e quando fare un passo indietro. E no, non basta dire la cosa giusta: **è fondamentale dire la cosa giusta nel modo giusto, al momento giusto, e alla persona giusta.** Facile, vero?

Parole, gesti, espressioni facciali, pause drammatiche e persino silenzi imbarazzanti: tutto fa parte del grande spettacolo della comunicazione. Ogni elemento ha il suo ruolo, ogni sguardo e ogni sorriso possono fare la differenza tra un messaggio chiaro e uno completamente frainteso.

Pensa a quanti tipi di linguaggio usi quotidianamente: il tono serio quando parli al capo, la voce allegra e pacata quando giochi con tuo figlio, il sussurro complice per confidare un segreto a un amico. E ogni volta che comunichi, il tuo cervello lavora come un direttore d'orchestra, coordinando tutte queste sfumature in modo (si spera) armonioso.

Perché la comunicazione spesso fallisce?

Sai qual è il paradosso della comunicazione? Tutti crediamo di saper comunicare bene, finché non ci troviamo davanti a un muro di malintesi. E lì comincia la frustrazione. Ma da dove vengono tutti questi errori? La risposta breve è: **dalle persone!**

Sì, siamo noi il problema e la soluzione allo stesso tempo. La comunicazione è un atto profondamente umano, e come tutti gli esseri umani, siamo complicati, emotivi e un po' imprevedibili. Ecco alcune delle ragioni più comuni per cui la comunicazione fallisce:

1. **Aspettative diverse:** Spesso pensiamo che l'altro debba capire al volo cosa intendiamo dire, perché "è così ovvio!". Ma non sempre lo è. Le nostre esperienze, il nostro background e i nostri filtri mentali influenzano il modo in cui interpretiamo i messaggi.

2. **Rumore emotivo:** Immagina di provare a parlare con qualcuno che è arrabbiato o stressato. Anche se le parole sono chiare, le emozioni intense possono distorcere il significato del messaggio come una stazione radio disturbata.

3. **Il linguaggio del corpo:** Puoi dire "Sono felice di vederti" con un sorriso sincero o con uno sguardo da pokerista. La tua postura, il tono di voce e i movimenti delle mani parlano più forte di qualsiasi parola tu possa pronunciare. E spesso, il linguaggio del corpo non mente.

4. **Pregiudizi e preconcetti:** Quante volte abbiamo deciso in anticipo cosa pensare di qualcuno o di qualcosa, senza ascoltare davvero? I pregiudizi bloccano la comunicazione prima ancora che inizi. È come cercare di leggere un libro con la copertina chiusa.

La magia della comunicazione efficace

Ecco il punto: **una buona comunicazione non è mai un caso**, è sempre il risultato di consapevolezza e di pratica. Chi comunica bene non è per forza un oratore nato, ma qualcuno che ha imparato a prestare attenzione, a calibrare le parole e a leggere tra le righe.

La comunicazione efficace non riguarda solo farsi capire, ma anche capire l'altro. È l'arte di trovare un linguaggio comune, di adattare il messaggio alla persona che abbiamo di fronte e di avere la sensibilità per riconoscere quando è il momento di parlare e quando è meglio tacere. Non è un superpotere in stile Dottor Manhattan riservato a pochi, ma una serie di abilità che chiunque può sviluppare.

In questa guida, parleremo delle tecniche fondamentali per migliorare la tua comunicazione, dall'ascolto attivo all'uso strategico delle pause. Scopriremo come fare domande che aprono il dialogo invece di chiuderlo e come usare il feedback in modo costruttivo per arricchire le conversazioni.

Emozioni: il vero regista della comunicazione

Le emozioni sono il vero regista nascosto dietro ogni nostra parola. **Se non controlliamo le emozioni, le emozioni controllano noi**, e il rischio è che le nostre conversazioni si trasformino in montagne russe imprevedibili. La rabbia ci fa dire cose che non pensiamo davvero, la paura ci chiude in silenzio, e la gioia ci rende un po' euforici (e a volte pure sciocchi).

In questa guida imparerai a identificare le emozioni che emergono durante le conversazioni e a usarle come uno strumento, non come un ostacolo. Parleremo di come gestire la tensione durante un conflitto e di come trasformare le emozioni difficili in occasioni per creare legami più forti. Capirai perché un po' di empatia può fare miracoli, e come le emozioni positive possono amplificare la potenza del tuo messaggio.

La trappola della discomunicazione e della comunicazione tossica

Non possiamo parlare di comunicazione senza affrontare il lato oscuro del tema: la **discomunicazione** e la **comunicazione tossica**. Hai mai avuto una conversazione in cui sembrava di parlare con un muro? O peggio, una discussione dove ogni parola veniva interpretata nel modo sbagliato? Sì, è frustrante e un po' come cercare di fare un nodo con i guanti da forno.

Esploreremo le cause della discomunicazione e come riconoscere i segnali prima che la situazione vada completamente fuori controllo. Scopriremo anche come affrontare la comunicazione patologica, quella che punta a ferire o manipolare l'altro. Non importa quanto tu sia bravo con le parole, ci sono momenti in cui il linguaggio può diventare un'arma, e sapere come disinnescarla è fondamentale.

Propaganda e manipolazione: i pericoli della comunicazione moderna

Viviamo in un mondo dove siamo bombardati da messaggi di ogni tipo, alcuni autentici, altri decisamente meno. La **propaganda** e la **manipolazione** sono ovunque, pronte a convincerci di cose che, a mente lucida, non accetteremmo mai. Ma non temere, questa guida ti darà gli strumenti per riconoscere le tecniche di persuasione più subdole e per mantenere la tua mente libera da influenze indesiderate.

La propaganda non è solo una questione politica o di marketing; è un modo di giocare con le emozioni e di manipolare la realtà. Imparerai a distinguere i messaggi genuini da quelli artefatti e a proteggere il tuo pensiero critico, anche quando sembra che tutti la pensino diversamente da te.

L'arte della comunicazione interpersonale

Alla fine dei conti, la comunicazione è uno strumento per **connettersi con gli altri**, e non c'è nulla di più potente che saper creare un legame sincero con una persona, che sia un amico, un collega o un familiare. Ma come si costruisce davvero una relazione attraverso le parole?

Scoprirai i pilastri della comunicazione interpersonale e come usarli per entrare in sintonia con chi ti sta intorno. Dalla scelta delle parole al tono di voce, dal contatto visivo al linguaggio del corpo, ogni dettaglio conta e può fare la differenza tra un dialogo banale e una conversazione che resta nel cuore.

Una guida pratica e accessibile

Questa guida non è solo teoria, è piena di esempi pratici, consigli utili e tecniche che puoi iniziare a utilizzare subito. Che tu voglia migliorare la tua comunicazione sul lavoro, evitare le incomprensioni in famiglia o semplicemente riuscire a fare amicizia più facilmente, troverai qui tutto ciò di cui hai bisogno.

Non importa se sei un comunicatore esperto o se la sola idea di parlare in pubblico ti mette in crisi, questa guida è pensata per essere alla portata di tutti. Non è una raccolta di trucchi per diventare più persuasivo o per manipolare gli altri, ma uno strumento per imparare a comunicare in modo autentico e rispettoso, esprimendo te stesso senza filtri e ascoltando gli altri con attenzione.

Un viaggio da fare insieme

Quindi, sei pronto a diventare un maestro della comunicazione? Sei pronto a trasformare le tue parole in connessioni reali, a costruire relazioni più forti e a diventare un ascoltatore migliore? Questo viaggio non riguarda solo te, ma anche le persone che ti circondano. Quando comunichi meglio, non solo migliori la tua vita, ma rendi migliore anche il mondo degli altri.

Comunicare è come danzare: più pratichi, più diventi bravo. Non preoccuparti se inciampi o se ti perdi qualche passo; l'importante è non smettere mai di ballare. E ricorda, la cosa più bella della comunicazione è che non ha bisogno di essere perfetta, solo autentica.

Allacciamo quindi le cinture e tuffiamoci in questo viaggio attraverso il meraviglioso e complesso mondo della comunicazione umana. Sarà divertente, stimolante, a tratti impegnativo, ma di certo ne varrà la pena. Pronto a scoprire il potere delle parole? Cominciamo!

Capitolo 1: Fondamenti della Comunicazione

Benvenuto a bordo! Iniziamo a scavare nelle fondamenta della comunicazione. Prima di tutto, prendiamoci un momento per riflettere su una cosa: quante volte comunichiamo ogni giorno? Probabilmente, in continuazione. Dal messaggio del buongiorno alla chat con i colleghi, fino al monologo interiore che ci facciamo quando qualcuno ci taglia la strada in macchina. Ma quanti di noi si fermano davvero a pensare a **cosa significhi comunicare?**

Ecco il punto: comunicare non è solo parlare. È una complessa danza di segnali, parole, gesti, toni di voce e persino di silenzi. E questa danza è così radicata nella nostra esistenza che spesso diamo per scontato il suo potere, fino a quando le nostre parole non ci tradiscono o le nostre intenzioni vengono fraintese. Questo capitolo è dedicato proprio a svelare i misteri nascosti dietro il semplice atto di parlare e ascoltare.

1.1 Cosa si intende per comunicazione?

Per iniziare, dobbiamo fare una distinzione importante. **Comunicare** non è sinonimo di **parlare**. Parlare è un atto unidirezionale; è come lanciare un messaggio in bottiglia nell'oceano sperando che arrivi da qualche parte. Comunicazione, invece, è un processo a due vie, è un dialogo che richiede tanto l'abilità di trasmettere quanto quella di ricevere. Se parli ma nessuno ti ascolta, stai semplicemente facendo rumore.

E non dimentichiamo che la comunicazione non si limita alle parole. Anzi, secondo molti studi, gran parte del significato di ciò che trasmettiamo si trova nei **segnali non verbali**: gesti, espressioni facciali, postura e persino il modo in cui respiriamo. È come se il nostro corpo raccontasse una storia parallela a quella che le nostre parole cercano di dire.

L'equazione della comunicazione

Immagina la comunicazione come una sorta di equazione matematica (ok, non proprio così noiosa):

Comunicazione = Messaggio + Trasmettitore + Canale + Ricevente + Feedback

Suona complicato? Non preoccuparti, scartiamo subito la formalità e smontiamo quest'equazione pezzo per pezzo:

1. **Messaggio**: È l'idea, il pensiero, l'emozione o l'informazione che vuoi condividere. Può essere qualsiasi cosa, dal "Ti amo" a un'esclamazione come "Mi hai rubato il parcheggio!".

2. **Trasmettitore**: Sei tu, il mittente che codifica il messaggio in parole, gesti, suoni o immagini. Fondamentalmente, sei il mago che trasforma pensieri invisibili in qualcosa che gli altri possono vedere, sentire o percepire.

3. **Canale**: È il mezzo attraverso cui il messaggio viene trasmesso. Potrebbe essere una telefonata, una chat su WhatsApp, un'e-mail, o anche un bigliettino passato sotto il banco (vecchia scuola, ma efficace!).

4. **Ricevente**: È la persona che riceve il messaggio, lo decodifica e cerca di darle un senso. Qui entra in gioco la vera magia della comunicazione: il ricevente interpreta il tuo messaggio attraverso i suoi filtri personali (esperienze, emozioni, aspettative), quindi potrebbe non sempre capire esattamente ciò che intendevi dire.

5. **Feedback**: È la risposta del ricevente che ti fa sapere se ha compreso correttamente il tuo messaggio. Questo può esse-

re verbale, come un "Ah, ho capito!", o non verbale, come un sorriso, una smorfia o un annuire confuso.

Gli ostacoli lungo la strada della comunicazione

Ok, tutto sembra facile, no? Beh, in teoria sì, ma nella pratica ci sono un sacco di ostacoli che possono complicare questa equazione apparentemente semplice. Ecco alcuni dei **rumori di fondo** più comuni che interferiscono con il nostro segnale:

1. **Rumore fisico**: Suoni di sottofondo, telefoni che squillano, bambini che urlano o il traffico caotico che ti distoglie l'attenzione. È tutto ciò che può letteralmente rendere difficile ascoltare ciò che qualcuno sta dicendo.

2. **Rumore psicologico**: Qui parliamo delle tue distrazioni interne, come i pensieri che ti frullano in testa. Forse stai pensando al lavoro, al pranzo o al messaggio che hai appena ricevuto. Se la tua mente è altrove, il tuo ascolto non sarà mai davvero presente.

3. **Rumore semantico**: Succede quando le parole che usi non hanno lo stesso significato per te e per l'altra persona. Ad esempio, se dici a qualcuno "sei proprio originale" e lui pensa che lo stai insultando, ecco che il messaggio è stato travisato!

1.2 Comunicazione verbale e non verbale

Entriamo ora nel dettaglio delle due forme principali di comunicazione: **verbale e non verbale**. Sai, la comunicazione non è tutta una questione di parole ben scelte. Alcuni studi suggeriscono che **il linguaggio non verbale rappresenta oltre il 70%** del nostro scambio comunicativo. In altre parole, è più importante **come** lo diciamo piuttosto che **cosa** diciamo.

Comunicazione verbale: quando le parole fanno la differenza

La comunicazione verbale è la più diretta e apparentemente semplice: è fatta di parole, frasi, discorsi. Ma anche qui le cose non sono così banali come sembrano. La scelta delle parole, la costruzione delle frasi, l'intonazione e persino la velocità con cui parliamo possono cambiare drasticamente il significato del nostro messaggio.

Immagina di dire "Non sono arrabbiato" con un tono calmo e sorridente. Ora immagina di dirlo con i denti stretti e lo sguardo furioso. Sì, esatto, il significato cambia completamente. Questo è il potere del **tono di voce** nella comunicazione verbale. Ogni sfumatura del nostro discorso influisce su come il messaggio viene percepito.

Comunicazione non verbale: quando il corpo parla

La comunicazione non verbale... che spettacolo! Quel misterioso linguaggio segreto che il nostro corpo usa per esprimere quello che la bocca non osa dire. Il linguaggio del corpo, le espressioni facciali, il contatto visivo, la postura, i gesti e persino la distanza che teniamo dagli altri raccontano una storia molto più dettagliata di quanto pensiamo.

- **Espressioni facciali**: Un sorriso, una smorfia o un semplice sollevamento delle sopracciglia possono dire più di mille parole. Le emozioni si riflettono immediatamente sul nostro viso e, a volte, tradiscono i nostri veri sentimenti anche quando cerchiamo di nasconderli.

- **Postura e gesti**: Se qualcuno è seduto con le braccia incrociate e uno sguardo imbronciato, potrebbe non essere proprio entusiasta della tua conversazione. La postura del corpo può indicare apertura, chiusura, interesse o disagio.

- **Proxemica**: Sì, la proxemica sembra un termine complicato, ma è solo il modo chic di dire "distanza tra le persone". Quanto vicino stai a qualcuno durante una conversazione può indicare il livello di intimità o di rispetto. Stai troppo vicino e invadi lo spazio personale; troppo lontano e sembri distaccato.

1.3 Il ruolo del contesto nella comunicazione

Il **contesto** è il tappeto sul quale danzano le nostre parole. È l'insieme delle circostanze che circondano una conversazione, come l'ambiente, la situazione, la relazione tra le persone coinvolte, e persino il momento storico in cui avviene lo scambio. Il contesto cambia tutto.

Immagina di dire "Ci vediamo più tardi" al tuo migliore amico dopo una giornata insieme, e ora pensa di dirlo a un collega dopo una riunione di lavoro in cui non hai ottenuto il risultato sperato. Stessa frase, due significati completamente diversi. È il contesto a plasmare il modo in cui interpretiamo il messaggio.

Tipi di contesto

1. **Contesto fisico**: Dove si svolge la conversazione? In un ufficio, in un bar, in un parco? L'ambiente circostante influenza il tono e la formalità del dialogo.

2. **Contesto sociale**: Chi sono le persone coinvolte nella comunicazione? Amici, colleghi, sconosciuti? Il grado di familiarità tra gli interlocutori determina come ci esprimiamo.

3. **Contesto culturale**: Le norme e i valori culturali giocano un ruolo enorme. Una battuta che funziona in una cultura potrebbe risultare offensiva in un'altra.

4. **Contesto temporale**: Quando avviene la conversazione? Dopo una giornata stressante o in un momento di relax? Il tempo può influenzare la nostra disponibilità e il nostro stato emotivo.

1.4 Il feedback: la chiave della comunicazione bidirezionale

Arriviamo a uno degli elementi più importanti e spesso trascurati della comunicazione: **il feedback**. Comunicare senza ottenere feedback è come giocare a tennis senza rete: ti manca il ritorno della palla. Il feedback è la conferma che il tuo messaggio è stato ricevuto e compreso (o no).

Il feedback non è solo un segnale di ritorno; è una forma di coinvolgimento attivo nell'interazione. Può essere verbale ("Sì, ho capito") o non verbale (un cenno del capo, un sorriso, una smorfia di disapprovazione). È essenziale per adattare il messaggio, correggere eventuali errori e migliorare il dialogo.

1.5 Gli errori più comuni nella comunicazione e come evitarli

Ok, ora che abbiamo esplorato i fondamenti della comunicazione, è il momento di ammettere una cosa: **tutti commettiamo errori** quando comunichiamo. Non importa quanto siamo bravi, ci sarà sempre quella volta in cui una parola sbagliata o un tono di voce fuori luogo rovineranno tutto. Ma niente paura, ecco alcuni errori comuni e come evitarli:

1. **Parlare senza ascoltare**: La maggior parte delle persone pensa a cosa rispondere prima ancora di ascoltare veramente l'altro. Impara a dare spazio all'ascolto attivo: è il vero segreto per evitare malintesi.

2. **Assumere che l'altro capisca esattamente ciò che intendi**: Non dare mai per scontato che l'altra persona abbia capito il tuo messaggio solo perché a te sembra chiaro. Chiedi feedback per verificare che ci sia stata una comprensione reciproca.

3. **Lasciarsi dominare dalle emozioni**: Se parli sotto l'effetto della rabbia o della frustrazione, è probabile che il tuo messaggio esca distorto. Prenditi un momento per respirare e calmarti prima di parlare.

4. **Non considerare il contesto**: Evitare battute fuori luogo o discorsi informali in ambienti che richiedono professionalità. Adattare il tuo messaggio al contesto è fondamentale per far sì che venga recepito correttamente.

Il viaggio della comunicazione è appena iniziato

Abbiamo fatto un bel po' di strada in questo primo capitolo, esplorando le basi della comunicazione, i suoi elementi chiave, le forme di linguaggio, il ruolo del contesto e gli errori più comuni. Ma siamo solo all'inizio di questo viaggio affascinante!

Capire i fondamenti della comunicazione è il primo passo per diventare più consapevoli e abili nei nostri scambi quotidiani. Ricorda: **comunicare non è solo parlare; è soprattutto connettere, ascoltare, capire e adattarsi.** Ogni conversazione è un'opportunità per migliorare e crescere come persone, come professionisti e come esseri umani.

Sei pronto a scoprire di più e ad approfondire questo viaggio nelle interazioni umane? Allora preparati per il prossimo capitolo, dove esploreremo i Cinque Assiomi della Comunicazione di Paul Watzlawick, i principi che regolano ogni nostra parola, gesto e pensiero.

Capitolo 2: I Cinque Assiomi della Comunicazione

Se pensavi che la comunicazione fosse solo una questione di scambiarsi parole, è arrivato il momento di scoprire che c'è molto di più sotto la superficie. In questo capitolo, ci addentriamo nei **Cinque Assiomi della Comunicazione** di Paul Watzlawick, una serie di principi che ci dimostrano che comunicare è molto più complicato (e affascinante) di quanto si possa immaginare.

Ora, non farti spaventare dalla parola "assiomi" - so che suona come qualcosa che solo i matematici amerebbero. In realtà, sono semplici regole di base che governano ogni interazione umana. Pensa a loro come alle leggi della fisica, ma per le parole e i gesti. Una volta che li avrai capiti, non guarderai mai più una conversazione nello stesso modo.

2.1 Cos'è un assioma (e perché dovresti importartene)?

Prima di saltare a capofitto nei cinque assiomi, vale la pena chiarire cosa diavolo sia un "assioma". In termini semplici, un assioma è un principio fondamentale che viene dato per scontato perché è talmente ovvio da non aver bisogno di dimostrazione. Tipo "Se mi schiaffeggio la faccia con forza, mi farà male." Nessuno mette in dubbio un assioma perché rappresenta una verità universale.

Nel caso della comunicazione, gli assiomi di Watzlawick sono delle regole che spiegano come avvengono le interazioni tra le persone. Anche se non li conosciamo consapevolmente, li mettiamo in pratica ogni giorno senza neanche rendercene conto.

2.2 Il Primo Assioma: "Non si può non comunicare"

Partiamo col botto, perché questo primo assioma è un vero mind-blower: **"Non si può non comunicare"**. Esatto, hai capito bene. Anche quando pensi di stare zitto, in realtà stai comunicando qualcosa. Il silenzio può parlare più forte delle parole, e la tua postura mentre non parli può dire molto più di quanto immagini.

Hai presente quando qualcuno ti ignora deliberatamente? Quel silenzio imbarazzante, l'espressione vuota, magari una scrollata di spalle? Ecco, è una forma di comunicazione potentissima. In effetti, non c'è niente di più comunicativo del non comunicare. Che si tratti di uno sguardo gelido, di una porta sbattuta o di un respiro esasperato, ogni gesto invia un messaggio.

Cosa ci insegna questo assioma?

- **Il silenzio è un messaggio potente:** Non sempre tacere significa neutralità. Può indicare disappunto, disinteresse, riflessione o anche complicità.

- **Le espressioni non verbali parlano anche quando le parole non lo fanno:** Siamo macchine di comunicazione anche quando non vogliamo esserlo. Un sorriso forzato, uno sbadiglio trattenuto, tutto ha un significato.

- **Le relazioni non possono essere messe in pausa:** Non possiamo smettere di comunicare con qualcuno, nemmeno ignorandolo. Il non dire nulla è spesso interpretato come un messaggio intenzionale.

2.3 Il Secondo Assioma: "Ogni comunicazione ha un aspetto di contenuto e uno di relazione"

Questo assioma ci introduce al concetto che ogni messaggio ha due livelli: **il contenuto** (ciò che diciamo) e **la relazione** (come lo diciamo e cosa implica riguardo al rapporto tra noi e il nostro interlocutore). È come un dolce a due strati: uno strato è quello che vogliamo dire, e l'altro è come la nostra relazione influenza il sapore complessivo del messaggio.

Prendi per esempio una frase semplice come "Chiudi la porta". Detto con un tono cortese, può sembrare una richiesta gentile. Ma detto con un tono autoritario e sguardo duro, trasmette un messaggio completamente diverso, come "Fai quello che ti dico o ci saranno conseguenze". Stessa frase, ma il contesto di relazione la trasforma completamente.

Cosa ci insegna questo assioma?

- **Il modo in cui diciamo le cose conta tanto quanto quello che diciamo:** Il tono di voce, le espressioni facciali e il linguaggio del corpo sono strumenti potenti nel plasmare il significato del messaggio.

- **Le relazioni influenzano l'interpretazione:** La stessa frase detta da un amico intimo o dal tuo capo assume significati molto diversi.

- **Capire il contesto relazionale è essenziale:** Prima di reagire a un messaggio, chiediti qual è la natura della relazione con l'altra persona e come potrebbe influenzare la comunicazione.

2.4 Il Terzo Assioma: "La natura di una relazione dipende dalla punteggiatura delle sequenze di comunicazione tra i comunicanti"

Questa è un'affermazione che può sembrare un po' tecnica, ma non preoccuparti, è più semplice di quanto sembri. L'idea è che la nostra percezione della conversazione dipende dalla **puntuazione** - cioè dal modo in cui organizziamo e interpretiamo gli eventi e le azioni nel tempo.

Hai mai avuto una discussione dove tu e l'altra persona non facevate altro che rinfacciarvi le stesse cose in modo circolare? "Hai alzato la voce perché io ho detto quella cosa, ma io ho detto quella cosa perché tu hai fatto quell'espressione, ma io ho fatto quell'espressione perché prima hai alzato la voce!" Sembra familiare? È un classico esempio di punteggiatura della comunicazione.

Cosa ci insegna questo assioma?

- **La percezione è tutto:** Ciascuno di noi vede la propria versione della storia come quella giusta e inizia la sequenza di eventi da un punto diverso.

- **I conflitti spesso nascono dalle interpretazioni divergenti:** Molte discussioni si trasformano in battaglie perché entrambe le parti pensano che l'altra abbia "iniziato per primo".

- **Riprendere il controllo della punteggiatura può disinnescare il conflitto:** Cambiare prospettiva e riconoscere che entrambe le parti stanno vedendo la stessa situazione in modo diverso può fare miracoli per chiarire i malintesi.

2.5 Il Quarto Assioma: "Le comunicazioni umane sono sia verbali che non verbali"

Abbiamo già toccato l'argomento della comunicazione non verbale nel capitolo precedente, ma questo assioma mette l'accento sul fatto che **parole e gesti vanno sempre a braccetto**. Non puoi veramente separare ciò che dici da come lo dici. Anche il "non detto" parla.

Il linguaggio del corpo, il tono della voce, i gesti e le espressioni facciali sono tutti elementi fondamentali che influenzano come le nostre parole vengono interpretate. In effetti, ci sono situazioni in cui il linguaggio del corpo contraddice completamente ciò che diciamo. Se stai dicendo "Sono calmo" mentre stringi i pugni e digrigni i denti, nessuno ti crederà davvero.

Cosa ci insegna questo assioma?

- **Le parole sono solo una parte del messaggio:** La comunicazione non verbale può rafforzare, attenuare o contraddire le parole.

- **Le incongruenze sono facilmente rilevabili:** Quando il linguaggio del corpo non è in linea con le parole, gli altri percepiscono istintivamente che qualcosa non va.

- **Imparare a leggere il non verbale è un'abilità fondamentale:** Riuscire a capire i segnali corporei e le sfumature della voce ti permette di leggere tra le righe delle conversazioni.

2.6 Il Quinto Assioma: "Le interazioni comunicative possono essere simmetriche o complementari"

Ultimo ma non meno importante, questo assioma parla delle **dinamiche di potere** nelle interazioni. In breve, ogni interazione può essere **simmetrica** (dove le persone si trovano su un piano di parità) o **complementare** (dove c'è una differenza di status o di ruoli).

Pensa a una conversazione tra amici intimi: di solito è simmetrica, perché entrambe le parti hanno lo stesso peso nella comunicazione. Ora, confrontala con una discussione tra un insegnante e uno studente: qui la relazione è complementare, con una parte in una posizione di autorità.

Cosa ci insegna questo assioma?

- **La simmetria crea uguaglianza, la complementarità crea ordine:** Le relazioni simmetriche sono ideali per scambi equilibrati, mentre quelle complementari sono utili per stabilire leadership e struttura.

- **La dinamica può cambiare nel tempo:** Una relazione può iniziare come complementare (es. mentore-studente) e diventare simmetrica man mano che cresce la fiducia e l'esperienza.

- **Riconoscere la dinamica aiuta a gestire meglio le interazioni:** Capire se sei in una situazione simmetrica o complementare ti permette di adattare la tua comunicazione di conseguenza.

I Cinque Assiomi come strumenti pratici

I **Cinque Assiomi della Comunicazione** non sono solo teoria: sono strumenti pratici che puoi usare per migliorare ogni singola conversazione della tua vita. Capire che **non si può non comunicare**, che ogni messaggio ha un contenuto e una relazione, e che le interazioni sono fatte tanto di parole quanto di gesti ti aiuterà a diventare un comunicatore più consapevole e abile.

Quindi, la prossima volta che ti trovi coinvolto in una conversazione complessa o in una situazione di conflitto, pensa a questi assiomi come a una mappa del tesoro che ti guida verso una comunicazione più chiara, empatica e autentica. Ricorda che **comunicare è un'arte, non una scienza esatta**, e che con un po' di pratica puoi migliorare sempre di più.

E ora, preparati a scoprire nel prossimo capitolo **le teorie e i modelli di comunicazione**, che ti offriranno nuove prospettive su come navigare nel mare infinito dei dialoghi umani.

Capitolo 3: Teorie e Modelli della Comunicazione

Eccoci arrivati nell'antro delle teorie e dei modelli che cercano di spiegare l'enigma della comunicazione umana. Ora, so cosa stai pensando: "Teorie? Modelli? Suona già come un corso universitario noioso!" Non preoccuparti, non stiamo per trasformare questa guida in un manuale di fisica quantistica. Prometto che esploreremo queste idee con un approccio pratico, usando esempi quotidiani, un po' di ironia e qualche metafora colorita per mantenere tutto divertente.

3.1 Perché le teorie della comunicazione sono importanti?

Prima di saltare a capofitto nei modelli e nelle teorie, cerchiamo di rispondere a una domanda fondamentale: **Perché dovremmo preoccuparci di capire la teoria della comunicazione?** In fondo, tutti sappiamo parlare, giusto? Bene, ecco il punto: una teoria della comunicazione è come una mappa che ci aiuta a capire il terreno su cui ci muoviamo ogni giorno.

I modelli di comunicazione ci mostrano che c'è una struttura dietro il caos apparente delle conversazioni. Capire come funziona la comunicazione ci permette di essere non solo comunicatori migliori, ma anche ascoltatori più attenti e interpreti più accurati delle intenzioni altrui. In altre parole, il capitolo precedente ha un po' spoilerato la cosa, le teorie sono come l'invisibile colla che tiene insieme i pezzi del puzzle delle interazioni umane.

3.2 Il Modello di Shannon e Weaver: La Comunicazione come un Processo Lineare

Iniziamo con un grande classico, quasi una pietra miliare delle teorie della comunicazione: **il Modello di Shannon e Weaver**, sviluppato negli anni '40 per spiegare come si trasmettono le informazioni nei sistemi di comunicazione. Questo modello è talmente fondamentale che è diventato il punto di riferimento per quasi tutti gli altri approcci alla comunicazione.

Il processo lineare della comunicazione

Immagina di essere in una partita di ping-pong: tu lanci la pallina, l'altro la riceve e la rilancia verso di te. Ecco, il Modello di Shannon e Weaver funziona più o meno così. Vediamo i suoi elementi principali:

1. **Fonte**: La persona che ha qualcosa da dire. Sei tu che hai un'idea, un pensiero o un messaggio da comunicare.

2. **Codificatore**: È il processo di trasformare il pensiero in parole, simboli o segnali. È come scegliere il colore della pallina da ping-pong che stai per lanciare.

3. **Canale**: È il mezzo attraverso cui il messaggio viaggia. Può essere la tua voce, un testo scritto, un'e-mail o persino un piccione viaggiatore (se sei in vena di romanticismo antico).

4. **Ricevitore**: La persona che riceve il messaggio e lo decodifica. Il ricevitore prende la pallina e cerca di capire di che colore è e da dove è arrivata.

5. **Rumore**: Sono le interferenze che distorcono il messaggio durante il viaggio. Il rumore può essere fisico (suoni di sottofondo), psicologico (preoccupazioni che distraggono) o semantico (parole incomprensibili).

Questo modello è perfetto per spiegare come le informazioni vengono trasmesse in un contesto tecnico, come quando invii un SMS o una e-mail. Ma ha un piccolo difetto: **è unidirezionale**. Ovvero, vede la comunicazione come un processo che va da A a B senza tenere conto delle sfumature di risposta e feedback che avvengono in una vera conversazione.

Applicazione pratica del modello

Supponiamo che tu stia mandando un messaggio al tuo amico: "Ci vediamo alle 19?". Se il tuo amico non risponde (o ti risponde con un "mah..."), il modello lineare ha già mostrato i suoi limiti. Il problema è che le conversazioni reali non sono mai così semplici e ordinate come una pallina che va e viene senza intoppi. Il feedback, infatti, è essenziale per una comunicazione efficace.

3.3 Il Modello di Jakobson: Le Funzioni della Comunicazione

E ora passiamo al **Modello di Jakobson**, un po' più sofisticato e affascinante, quasi come una cena con sei portate. Roman Jakobson ha identificato sei funzioni della comunicazione, ognuna delle quali svolge un ruolo specifico nel determinare il significato del messaggio. È come se ogni conversazione avesse sei sfumature diverse, ognuna con il suo sapore unico.

Le sei funzioni della comunicazione secondo Jakobson

1. **Funzione Referenziale**: Questa funzione riguarda **il contenuto del messaggio** stesso. È la parte informativa, il fatto nudo e crudo. Tipo quando dici "Oggi piove", stai semplicemente dando un'informazione oggettiva.

2. **Funzione Emotiva (o Espressiva)**: Riguarda **lo stato emotivo del mittente**. È il momento in cui la tua voce si incrina e dici "Che noia questa pioggia!". Qui il focus è su come ti senti riguardo al messaggio.

3. **Funzione Conativa**: È rivolta al **destinatario del messaggio**. Quando usi un imperativo come "Prendi l'ombrello!", stai cercando di influenzare l'azione dell'altra persona.

4. **Funzione Fàtica**: Serve a **mantenere aperto il canale di comunicazione**. È il classico "Pronto?" che dici al telefono per assicurarti che ci sia ancora qualcuno dall'altra parte. Questa funzione verifica che la comunicazione stia funzionando.

5. **Funzione Metalinguistica**: Si riferisce al **codice stesso del linguaggio**. È quando chiedi "Che cosa significa quella parola?", cercando di chiarire il significato del linguaggio che stai usando.

6. **Funzione Poetica**: È forse la più artistica, riguardando **la forma del messaggio stesso**. Qui le parole sono scelte non solo per il loro significato, ma anche per come suonano. È il gioco di parole in un verso di poesia o una battuta ben costruita.

Come usare il modello di Jakobson nella vita quotidiana

La bellezza del modello di Jakobson è che ci aiuta a capire che le nostre parole fanno molto di più che trasmettere informazioni. Ad esempio, quando stai dicendo "Che bel vestito!" (funzione espressiva) alla tua amica, in realtà potresti anche cercare di influenzarla a indossarlo più spesso (funzione conativa). Oppure quando qualcuno ti dice "Hai capito cosa intendo?", sta attivando la funzione metalinguistica per assicurarsi che parliate la stessa lingua.

3.4 Altri Modelli di Comunicazione: Interattivi e Transazionali

Ora che abbiamo esaminato i modelli base di Shannon-Weaver e Jakobson, diamo uno sguardo a una versione più realistica della comunicazione, dove il messaggio non va solo da un punto all'altro, ma si evolve attraverso il feedback. È qui che entrano in gioco i **modelli interattivi e transazionali**.

Il Modello Interattivo

Il **modello interattivo** riconosce finalmente l'importanza del feedback. È come giocare a freccette: tu tiri una freccetta (il messaggio), vedi dove colpisce (feedback), aggiusti la mira e riprovi. La comunicazione non è più solo un viaggio di sola andata; è un loop costante di invio e ricezione di segnali.

Caratteristiche del modello interattivo

- **Feedback**: Non è solo una risposta passiva ma una parte attiva del processo comunicativo. Ogni risposta modifica il corso della conversazione.

- **Contesto**: Riconosce che la comunicazione avviene in un contesto sociale e culturale che influenza il modo in cui i messaggi vengono interpretati.

Il Modello Transazionale

Il **modello transazionale** porta le cose a un livello superiore, trattando la comunicazione come un evento dinamico e simultaneo. Qui, non esiste un vero e proprio inizio o fine: tu e l'altra persona siete **simultaneamente mittenti e riceventi**. È come se foste due chef in cucina che preparano insieme un piatto, aggiungendo ingredienti e correggendo i sapori al volo.

Caratteristiche del modello transazionale

- **Simultaneità**: Mentre parli, stai anche ricevendo segnali non verbali dall'altra persona, che influenzano istantaneamente il modo in cui modifichi il tuo messaggio.

- **Costruzione del significato condiviso**: La comunicazione non è solo un trasferimento di informazioni, ma una costruzione continua di significati e interpretazioni condivise.

- **Contesto multilivello**: Questo modello considera il contesto fisico, sociale e temporale come un insieme unico che influisce su ogni interazione.

Applicazioni nella vita reale

Nella vita di tutti i giorni, il modello transazionale è quello che meglio descrive una conversazione realistica. Immagina di essere in una discussione animata: mentre parli, stai osservando le espressioni facciali, il linguaggio del corpo e persino i micromovimenti dell'interlocutore, e stai adattando le tue parole e il tono di conseguenza. Stai negoziando significati in tempo reale.

3.5 Perché questi modelli ci rendono comunicatori migliori?

Ora che abbiamo esplorato i vari modelli, la domanda chiave è: **perché tutto questo dovrebbe importarti?** La risposta è semplice: capire come funzionano questi modelli ti aiuta a diventare un comunicatore più consapevole. È come avere una cartina dettagliata che ti mostra tutte le strade secondarie che puoi prendere in una conversazione.

- **Prevedi le reazioni**: Sapere che la comunicazione è interattiva e transazionale ti permette di anticipare il feedback e di essere pronto ad adattarti.

- **Leggi tra le righe**: Con il modello di Jakobson, impari a cogliere le sfumature emotive, poetiche e relazionali dei messaggi.

- **Riduci i malintesi**: I modelli ti aiutano a identificare dove il messaggio potrebbe essere distorto dal rumore e ti danno strumenti per rimediare.

3.6 Miti e Realtà sui Modelli di Comunicazione

Prima di concludere, è importante sfatare alcuni miti comuni riguardo ai modelli di comunicazione.

Mito 1: La comunicazione è solo trasferimento di informazioni

No! La comunicazione è molto più che passare informazioni da A a B. È un processo di creazione e negoziazione di significati, influenzato dalle emozioni, dal contesto e dalla relazione tra gli interlocutori.

Mito 2: Tutti i messaggi sono chiari se trasmessi bene

Anche con il miglior mittente del mondo, il significato di un messaggio può cambiare a seconda del ricevente e del contesto. Gli esseri umani interpretano sempre i messaggi attraverso il filtro delle proprie esperienze, emozioni e aspettative.

Mito 3: Se non c'è feedback, il messaggio è fallito

Il feedback non è sempre immediato o diretto, ma anche un silenzio può essere una forma di risposta. Impara a interpretare i feedback non verbali e a leggere tra le righe per capire veramente cosa sta succedendo.

Teorie e Modelli come Guide alla Realtà

Abbiamo attraversato i modelli di Shannon-Weaver, Jakobson, e i modelli interattivi e transazionali per capire come la comunicazione funziona (o a volte non funziona) nella vita reale. Questi modelli sono come mappe del tesoro che ci aiutano a navigare nel complesso territorio delle conversazioni umane.

La prossima volta che ti trovi in una discussione complessa, pensa ai principi di questi modelli e considera come i tuoi messaggi, i canali e i feedback stanno influenzando l'interazione. Non sarai più uno spettatore passivo delle tue parole, ma un vero regista della comunicazione.

Pronto per andare oltre? Nel prossimo capitolo, ci addentreremo nelle tecniche per una comunicazione efficace, scoprendo come far sì che le tue parole abbiano il massimo impatto possibile.

Capitolo 4: Tecniche per una Comunicazione Efficace

Ci siamo, finalmente! Entriamo nel mondo delle tecniche pratiche per una comunicazione efficace. Fino a questo punto abbiamo parlato di assiomi, teorie e modelli come se fossimo in un laboratorio di scienze. Ma adesso è il momento di sporcarci le mani e mettere in pratica tutto ciò che abbiamo imparato.

Se la comunicazione è un'arte, allora è giunto il momento di imparare a usare il pennello giusto, scegliere i colori adeguati e creare un capolavoro con le nostre parole. E se pensi che la comunicazione efficace sia qualcosa di noioso e riservato ai seminari aziendali, preparati a ricrederti: è molto più divertente (e potente) di quanto credi.

4.1 Le Sette "C" della Comunicazione

Cominciamo con un classico intramontabile, le famose **Sette "C" della comunicazione**. Sono le linee guida di base per assicurarsi che ogni messaggio che inviamo sia il più chiaro e preciso possibile. Ecco cosa significano, spiegate in modo chiaro e, si spera, senza sembrare il manuale di istruzioni del tuo forno a microonde.

1. Chiarezza (Clarity)

Chiarezza è la prima e più importante delle "C". Significa esprimere i tuoi pensieri in modo limpido e semplice, senza lasciare spazio a fraintendimenti. Se pensi che essere chiari sia ovvio, ti sorprenderesti nel sapere quanto spesso ci esprimiamo in modo ambiguo, sperando che l'altro ci legga nella mente. **Spoiler alert**: non funziona mai.

Come migliorare la chiarezza:

- Usa frasi brevi e concise.
- Evita il linguaggio tecnico o i termini troppo complessi.
- Esprimi una sola idea alla volta.

Esempio: anziché dire "Potresti forse considerare la possibilità di, eventualmente, pensare di fare quella cosa?", prova con "Puoi farlo?". Vedi la differenza?

2. Concisione (Conciseness)

In un mondo in cui tutti hanno fretta e pochi hanno pazienza, la concisione è una virtù. Nessuno vuole sentirsi trascinato in un labirinto di parole senza via d'uscita. **Taglia il superfluo e arriva al punto**, come un pizzaiolo che elimina l'ananas dalla pizza (sì, l'ho detto).

Come migliorare la concisione:

- Elimina le parole ridondanti.
- Vai dritto al punto senza giri di parole.
- Evita di spiegare troppo, a meno che non sia necessario.

Esempio: "Mi stavo chiedendo se, nel caso tu avessi tempo, potresti forse aiutarmi?" può diventare "Hai tempo per aiutarmi?".

3. Consistenza (Consistency)

La consistenza riguarda l'uso uniforme del tono e del linguaggio durante tutta la conversazione. È come quando decidi di parlare con il tuo capo: non puoi passare da un tono super formale a uno casuale come se fossi al bar con gli amici. **Mantieni coerenza nei tuoi messaggi** per evitare di confondere l'altro.

Come migliorare la consistenza:

- Usa lo stesso stile di comunicazione con una persona specifica.
- Non cambiare improvvisamente tono o linguaggio.

- Adatta il tuo stile al contesto della conversazione.

Esempio: Se inizi un'e-mail con "Gentile Signor Rossi", non concludere con "Ciao, ci sentiamo!". Mantieni un tono uniforme.

4. Concretezza (Concreteness)

Essere concreti significa che il tuo messaggio deve essere **tangibile e specifico**. Più sei preciso, meno spazio lasci all'interpretazione. Se dici "Più tardi ci sentiamo", potresti finire nel limbo dell'incertezza. "Ci sentiamo alle 15" invece è molto più rassicurante (e molto meno ambiguo).

Come migliorare la concretezza:

- Usa numeri, dati e fatti concreti.
- Fornisci esempi specifici per chiarire le tue idee.
- Evita frasi vaghe o termini generici.

Esempio: Invece di dire "Abbiamo bisogno di migliorare le vendite", prova con "Vogliamo aumentare le vendite del 10% nei prossimi tre mesi".

5. Cortesia (Courtesy)

Mai sottovalutare il potere della gentilezza. Una parola cortese può aprire porte che rimarrebbero altrimenti chiuse a doppia mandata. La cortesia non riguarda solo le parole che scegli, ma anche il **tono** e il **rispetto** con cui le esprimi.

Come migliorare la cortesia:

- Usa formule di cortesia e frasi positive.
- Riconosci il punto di vista dell'altra persona.
- Evita i toni bruschi o condiscendenti.

Esempio: Invece di dire "Devi fare meglio la prossima volta", prova con "Apprezzo i tuoi sforzi, ma credo che ci siano margini di miglioramento".

6. Credibilità (Credibility)

La credibilità è la chiave per farti ascoltare e rispettare. Se le persone non ti ritengono affidabile, il tuo messaggio perderà automaticamente di valore. Essere credibile significa **essere onesto e coerente** con quello che dici.

Come migliorare la credibilità:

- Fornisci dati verificabili e informazioni affidabili.
- Mantieni la coerenza tra parole e azioni.
- Non promettere cose che non puoi mantenere.

Esempio: Invece di esagerare dicendo "Questo prodotto cambierà la tua vita!", sii realistico e onesto: "Questo prodotto può aiutarti a risolvere il problema".

7. Correttezza (Correctness)

Ultima, ma non meno importante, è la correttezza. Significa che il tuo messaggio deve essere **linguisticamente e grammaticalmente accurato**, oltre a essere appropriato al contesto. Un errore di grammatica potrebbe rovinare la tua credibilità più velocemente di quanto tu possa dire "Oops!".

Come migliorare la correttezza:

- Rileggi e correggi il tuo messaggio prima di inviarlo.
- Usa un linguaggio appropriato al pubblico che stai cercando di raggiungere.
- Verifica l'ortografia e la grammatica, soprattutto nei contesti professionali.

Esempio: Evita l'uso di frasi del tipo "Voglio dirti una cosa, cioè tipo, capisci no?" quando parli in un ambiente professionale.

4.2 L'Ascolto Attivo: Lo "shining" che non sapevi di avere

Parlare è facile; **ascoltare veramente** è un'arte. L'ascolto attivo è la capacità di essere completamente presente e concentrato su ciò che l'altra persona sta dicendo. È come diventare un investigatore che coglie ogni dettaglio, cercando di capire non solo le parole ma anche le emozioni che ci stanno dietro.

Tecniche per un ascolto attivo efficace

1. **Mantieni il contatto visivo**: Guarda l'altra persona negli occhi. Non fissare come uno stalker, ma mostra interesse e attenzione.

2. **Annuisci e usa segni di incoraggiamento**: Mostra che stai seguendo la conversazione con piccoli gesti, come annuire o dire "Capisco" o "Interessante".

3. **Riformula ciò che hai capito**: Ripeti brevemente ciò che hai sentito con parole tue per verificare se hai compreso correttamente. Per esempio: "Quindi mi stai dicendo che...".

4. **Evita di interrompere**: Lascia che l'altra persona finisca di parlare prima di rispondere. Anche se sei in disaccordo, trattieniti! Il silenzio è una forma di rispetto.

I benefici dell'ascolto attivo

L'ascolto attivo ti rende più empatico, migliora le tue relazioni e ti aiuta a comprendere meglio le esigenze e i sentimenti degli altri. È un superpotere che trasforma le conversazioni da meri scambi di informazioni a momenti di vera connessione.

4.3 Domande Potenti: L'Arma Segreta della Comunicazione

Le domande sono come le chiavi di una serratura: aprono le porte a nuove idee, prospettive e soluzioni. **Fare le domande giuste** è una delle abilità più potenti nella comunicazione. E no, non parliamo delle domande chiuse che portano a un semplice "sì" o "no". Le domande potenti sono quelle che spingono l'altro a riflettere e a condividere di più.

Come formulare domande efficaci

1. **Domande aperte**: Usa frasi che iniziano con "Come", "Cosa", "Perché". Queste domande invitano a una risposta dettagliata e a un dialogo aperto.

2. **Evita domande giudicanti**: Domande come "Perché hai fatto una cosa del genere?" suonano accusatorie. Preferisci qualcosa come "Cosa ti ha portato a prendere questa decisione?".

3. **Domande di chiarimento**: Chiedi chiarimenti se non hai capito qualcosa. "Potresti spiegarmi meglio cosa intendi con...?"

4.4 L'Importanza del Feedback: Il Trucco per Migliorare

Il **feedback** è una delle componenti più cruciali di una comunicazione efficace. Che si tratti di un sorriso di approvazione o di un suggerimento costruttivo, il feedback ti aiuta a migliorare e a raffinare il tuo messaggio.

Come dare un feedback costruttivo

1. **Sii specifico**: Anziché dire "Hai fatto un buon lavoro", specifica cosa è stato particolarmente buono: "La tua presentazione era chiara e organizzata".
2. **Bilancia i complimenti e le critiche**: Inizia con un commento positivo, poi passa alle aree di miglioramento e concludi con una nota positiva.
3. **Concentrati sul comportamento, non sulla persona**: Critica l'azione, non chi la compie. Ad esempio, "Questo approccio non ha funzionato" è meglio di "Non sei stato bravo".

4.5 Tecniche di Comunicazione Non Verbale: Quando è il Corpo a Parlare

Il **linguaggio del corpo** è un ingrediente essenziale nella ricetta della comunicazione efficace. Anche se le parole sono importanti, il nostro corpo, è bene ripeterlo, può dire molto di più.

Elementi chiave della comunicazione non verbale

1. **Postura aperta**: Mantieni una postura rilassata e aperta, evitando di incrociare le braccia. Mostra che sei disponibile e interessato.

2. **Espressioni facciali**: Il viso è lo specchio delle emozioni. Usa sorrisi autentici e mantieni un'espressione che corrisponda al tono del discorso.

3. **Movimenti delle mani**: Usa i gesti per enfatizzare i punti chiave del tuo discorso. Non esagerare, però: agitare troppo le mani può distrarre.

4.6 L'uso delle Pause e del Silenzio: Il Potere del Non Detto

Non sottovalutare mai il potere del **silenzio**. Una pausa ben piazzata può dire più di mille parole. Il silenzio non è un vuoto; è uno spazio che dà enfasi e invita l'altro a riflettere.

Come usare il silenzio a tuo vantaggio

- **Crea suspense**: Usare il silenzio per costruire tensione prima di una rivelazione importante è una tecnica potente.

- **Dai spazio all'altro**: Usa le pause per dare all'altro tempo di pensare e rispondere senza pressione.

- **Mostra rispetto**: A volte, tacere e ascoltare attentamente è il miglior modo per mostrare rispetto.

Trasforma le Parole in Magia

Abbiamo esplorato le tecniche fondamentali per una comunicazione efficace, dalle Sette "C" all'ascolto attivo, passando per domande potenti, feedback costruttivi e linguaggio del corpo. Ora è il momento di mettere in pratica queste abilità e vedere come possono trasformare le tue conversazioni.

La comunicazione efficace non è solo una questione di parole; è una questione di **intenzioni, atteggiamenti e rispetto reciproco**. Quando padroneggi queste tecniche, le tue parole smettono di essere semplici suoni e diventano strumenti di connessione, comprensione e persuasione. In poche parole, la tua comunicazione diventa magia.

Sei pronto a far brillare le tue parole come mai prima d'ora? Preparati al prossimo capitolo, dove affronteremo nel dettaglio la discomunicazione e i malintesi, per evitare che i nostri messaggi cadano nel vuoto

o, peggio, vengano fraintesi!

Capitolo 5: Discomunicazione e Malintesi

Addentriamoci nelle paludi insidiose della discomunicazione e dei malintesi. Se finora abbiamo parlato di come rendere la comunicazione fluida ed efficace, ora esploreremo cosa succede quando tutto va storto. Sai, quei momenti in cui ti sembra di parlare una lingua aliena e l'altra persona non capisce niente di quello che stai cercando di dire. Spoiler: succede più spesso di quanto pensi!

La discomunicazione è come il maltempo in un viaggio: non puoi sempre evitarla, ma puoi imparare a leggere le nuvole e portare un ombrello. Questo capitolo è dedicato proprio a scoprire come identificare le nuvole scure dei malintesi e trasformare una tempesta verbale in una conversazione costruttiva.

5.1 Che Cos'è la Discomunicazione?

Prima di capire come affrontarla, vediamo **cos'è la discomunicazione**. In parole povere, è ciò che accade quando un messaggio non viene trasmesso o interpretato correttamente. È come se qualcuno avesse cambiato canale mentre tu stavi ancora parlando. Il risultato? Incomprensioni, frustrazioni e a volte vere e proprie esplosioni emotive.

Un esempio classico? Hai mai mandato un messaggio a qualcuno, che magari era solo un commento scherzoso, e ricevuto in risposta un glaciale "ok"? Ecco, in quel momento hai toccato con mano la potenza della discomunicazione.

Cause comuni della discomunicazione

Ci sono molte ragioni per cui la discomunicazione si verifica. Ecco alcune delle cause più comuni che possiamo incontrare nelle nostre conversazioni quotidiane:

1. **Assunzioni eccessive:** Supponiamo troppo spesso che gli altri capiscano automaticamente il nostro punto di vista, come se avessero il superpotere di leggere la nostra mente.
2. **Differenze culturali:** Le norme sociali e i modi di esprimersi variano enormemente tra le culture, causando spesso fraintendimenti non intenzionali.
3. **Emozioni intense:** La rabbia, l'ansia o lo stress possono bloccare la nostra capacità di ascoltare chiaramente o di esprimere i nostri pensieri in modo coerente.

4. **Uso di linguaggio ambiguo:** Parole come "forse", "a volte" o "vediamo" sono ottime per confondere le acque. Più il linguaggio è vago, più alta è la probabilità di malintesi.

5. **Rumore ambientale o psicologico:** Che si tratti di musica alta o di pensieri che ti distraggono, qualsiasi cosa che interferisca con l'attenzione è un ostacolo alla comunicazione.

5.2 Come Riconoscere i Segnali della Discomunicazione

Capire quando una conversazione sta prendendo una brutta piega è un'abilità preziosa. Riconoscere i **segnali della discomunicazione** ti permette di intervenire prima che la situazione degeneri in una guerra di malintesi. Ecco i segni più comuni che indicano che qualcosa non sta andando come dovrebbe:

1. **Silenzio sospetto:** Se il tuo interlocutore smette di rispondere o si limita a monosillabi come "Sì", "No" o "Ok", potrebbe significare che qualcosa non è stato capito o è stato mal interpretato.

2. **Ripetizione continua:** Se entrambi continuate a ripetere gli stessi punti senza arrivare a una conclusione, è probabile che stiate girando in tondo a causa di un malinteso.

3. **Espressioni confuse:** Sguardi persi, occhi sgranati o sopracciglia corrugate sono chiari segnali che il messaggio non è stato recepito come avresti sperato.

4. **Cambiamenti nel tono di voce**: Un improvviso passaggio da un tono amichevole a uno difensivo o irritato è un chiaro indizio che qualcosa è andato storto.

5. **Domande di chiarimento in serie**: Se l'altro continua a chiederti "Cosa intendi dire?" o "Non capisco", allora il messaggio non è arrivato chiaramente.

5.3 Le Radici dei Malintesi: Dove Nascono i Problemi?

I malintesi sono come piante infestanti che crescono nel terreno fertile delle nostre interazioni. Ma quali sono i fattori che fanno sbocciare questi problemi? Ecco alcune delle principali **radici dei malintesi** che si nascondono sotto la superficie:

1. Filtri personali e pregiudizi

Tutti noi vediamo il mondo attraverso i nostri **filtri personali**: le esperienze passate, le emozioni attuali, i preconcetti e le aspettative. Questi filtri influenzano come interpretiamo i messaggi che riceviamo. Immagina di avere gli occhiali da sole quando il cielo è nuvoloso: distorcono il colore della realtà.

Esempio: Se qualcuno ti dice "Sei coraggioso!", ma tu sei abituato a sentirti criticato, potresti interpretarlo come sarcasmo invece che come un complimento sincero.

2. Ambiguità del linguaggio

Il linguaggio può essere un'arma a doppio taglio. Parole e frasi che sembrano chiare continuano a creare confusione perché sono soggette a molte interpretazioni. L'ambiguità nel linguaggio è una delle cause principali di malintesi. Parole che hanno più significati, espressioni colloquiali e termini vaghi sono tutti ingredienti perfetti per creare discomunicazione.

Esempio: Immagina di dire "Ci sentiamo presto" al termine di una riunione. Per te potrebbe significare "parliamone domani", mentre per l'altra persona potrebbe voler dire "ci sentiamo quando avrò tempo" - e quel "presto" potrebbe non arrivare mai.

3. Assunzioni e supposizioni

Le **assunzioni** sono come mine nascoste sotto la superficie di una conversazione. Supporre che l'altro sappia di cosa stai parlando o che condivida le tue conoscenze di base può portare rapidamente al disastro. Le supposizioni creano un divario tra quello che pensi di aver comunicato e quello che l'altro ha effettivamente compreso.

Esempio: Se dici a qualcuno "Vai al solito posto", e questo non ha idea di quale sia il "solito posto", è probabile che finisca in un luogo completamente diverso da quello che avevi in mente.

4. Differenze culturali e linguistiche

Le differenze culturali e linguistiche sono uno dei fattori più potenti che influenzano la comunicazione. Ciò che è considerato educato e appropriato in una cultura potrebbe essere interpretato come rude o strano in un'altra. Anche espressioni idiomatiche e metafore possono diventare un campo minato quando parliamo con persone di background diversi.

Esempio: Se dici "Let's break the ice" a una persona che non è familiare con questa espressione idiomatica inglese, potrebbe immaginarsi con un piccone in mano a frantumare blocchi di ghiaccio.

5.4 Come Evitare e Gestire i Malintesi

Ora che sappiamo cosa può andare storto, vediamo come possiamo **prevenire i malintesi** e affrontarli quando inevitabilmente si presentano. Evitare la discomunicazione richiede un po' di pratica e qualche tecnica che renderà le tue conversazioni più chiare e soddisfacenti.

1. Chiarisci e conferma

Il modo più semplice per evitare un malinteso è chiedere conferma del messaggio. Non dare mai per scontato che l'altra persona abbia capito tutto perfettamente. Chiedi chiarimenti e parafrasati se necessario. **Ripetere ciò che hai capito** non è solo una buona pratica, è fondamentale!

Tecnica: Usa frasi come "Quindi, se ho capito bene, tu vuoi dire che..." oppure "Solo per essere sicuro, stai dicendo che...".

2. Sii esplicito e diretto

Essere diretto e chiaro non significa essere rude. In realtà, la chiarezza è un atto di cortesia verso il tuo interlocutore. Esprimiti in modo semplice, usa parole specifiche e, soprattutto, evita l'uso di eufemismi o frasi vaghe che potrebbero essere interpretate in modi diversi.

Esempio: Anziché dire "Più tardi vediamo", prova con "Rivediamoci alle 15 per discuterne".

3. Adatta il linguaggio al tuo pubblico

Sapere a chi stai parlando è essenziale per evitare discomunicazione. Adatta il tuo linguaggio al livello di comprensione della persona con cui stai conversando. Parli con un esperto del settore? Sentiti libero di usare termini tecnici. Parli con un amico che non ha idea di cosa fai al lavoro? Meglio semplificare.

Esempio: Se stai parlando di tecnologia a una persona non esperta, evita di dire "Abbiamo bisogno di aggiornare il framework per migliorare l'infrastruttura IT". Meglio dire "Dobbiamo migliorare il software per farlo funzionare meglio".

4. Leggi il linguaggio del corpo

Come abbiamo visto nei capitoli precedenti, **il linguaggio del corpo** parla forte e chiaro. Se noti segnali di disaccordo o confusione nell'interlocutore, fermati e chiedi un feedback. I movimenti del corpo, le espressioni facciali e la postura possono rivelare se il tuo messaggio sta raggiungendo il bersaglio o se sta cadendo nel vuoto.

Tecnica: Osserva se l'altra persona incrocia le braccia, distoglie lo sguardo o sembra distante. Sono tutti segni che qualcosa potrebbe essere stato mal interpretato.

5.5 Strategie per Superare i Malintesi

Quando ti trovi già nel mezzo di un malinteso, è importante sapere come **disinnescare la bomba** prima che esploda. Vediamo alcune strategie pratiche per risolvere i malintesi e rimettere la conversazione sulla giusta strada.

1. Sii paziente e ascolta attivamente

Spesso, la discomunicazione nasce dalla fretta di voler rispondere subito senza aver realmente compreso ciò che l'altro sta dicendo. Prenditi il tempo per ascoltare attentamente, senza interrompere. Lascia che l'altra persona esprima tutto il suo pensiero prima di replicare.

Tecnica: Pratica l'ascolto attivo annuendo, facendo brevi commenti come "Capisco" e riformulando ciò che l'altro ha detto per assicurarti di aver colto il punto.

2. Non prendere i malintesi sul personale

I malintesi fanno parte del gioco della comunicazione. Invece di sentirti attaccato o frustrato, prova a mantenere un atteggiamento curioso e aperto. Chiediti: "Cosa posso imparare da questa situazione?" o "Cosa potrebbe aver portato l'altra persona a questa interpretazione?".

Esempio: Se qualcuno ha frainteso un tuo messaggio, invece di dire "Non capisci mai niente!", prova con "Forse non mi sono spiegato bene, posso chiarire meglio?".

3. Accetta i tuoi errori e sii trasparente

Siamo tutti esseri umani e commettiamo errori. Ammettere che potresti non essere stato chiaro o che hai usato parole ambigue non è una debolezza, ma una forza. Dimostra che sei disposto a correggere il tiro e a chiarire la situazione.

Tecnica: Usa frasi come "Mi rendo conto che forse il mio messaggio non è stato chiaro, fammi spiegare meglio" o "Credo di aver usato le parole sbagliate, lascia che corregga".

5.6 Discomunicazione nel Mondo Digitale: Le Trappole dei Messaggi Testuali

Nel mondo di oggi, gran parte della nostra comunicazione avviene attraverso messaggi testuali, e-mail, chat e post sui social media. Se la discomunicazione è già una sfida nella conversazione faccia a faccia, nel mondo digitale diventa ancora più complessa.

1. Limiti della comunicazione digitale

Quando comunichi via messaggi di testo, perdi tutto il contesto non verbale: il tono di voce, le espressioni facciali, il linguaggio del corpo. Il risultato è che le parole possono sembrare fredde, distaccate o, peggio ancora, offensive, anche quando non lo sono.

Esempio: Un semplice "Va bene." inviato tramite messaggio può essere interpretato come un segno di disappunto o indifferenza, anche se l'intento era neutro.

2. Emoticon ed emoji come salvagenti emotivi

Gli **emoji** possono essere i tuoi migliori alleati per evitare i malintesi nei messaggi di testo. Aggiungere una faccina sorridente o un pollice in su può chiarire il tono del messaggio e far capire che sei amichevole e positivo.

Tecnica: Se stai scherzando o vuoi mantenere un tono leggero, aggiungi un emoji che chiarisca la tua intenzione. Non esagerare però: un messaggio pieno di emoji può sembrare poco professionale.

3. Evita la comunicazione passiva-aggressiva

La comunicazione digitale è terreno fertile per la passivo-aggressività, come le risposte secche, le frecciatine velate o il famigerato "ok". È importante evitare questo tipo di risposta e, se lo ricevi, chiedere subito un chiarimento per non alimentare malintesi.

Esempio: Se ricevi un "ok" freddo, prova a rispondere con un "Sembra che ci sia qualcosa che non va, ne parliamo?". Mostra che sei aperto a risolvere il problema.

Trasformare la Discomunicazione in Comprensione

La discomunicazione e i malintesi sono inevitabili, ma non devono essere disastrosi. Imparare a riconoscerli, prevenirli e affrontarli ti dà un superpotere straordinario: la capacità di trasformare una conversazione fallimentare in un dialogo produttivo e costruttivo.

In questo capitolo, abbiamo esplorato le radici della discomunicazione, i segnali da riconoscere e le tecniche pratiche per evitare che le parole cadano nel vuoto. La chiave è essere presenti, ascoltare con attenzione e non dare mai nulla per scontato.

Preparati a mettere in pratica queste strategie nelle tue conversazioni quotidiane. E nel prossimo capitolo, entreremo nel territorio spinoso della **comunicazione patologica**, esplorando come riconoscere e disinnescare comportamenti comunicativi tossici. Sei pronto per il prossimo livello?

Capitolo 6: Comunicazione Patologica e Tossica

Eccoci arrivati nel lato oscuro della comunicazione: la **comunicazione patologica e tossica**. Qui non parliamo più solo di errori innocenti o malintesi, ma di quei comportamenti deliberati e distruttivi che possono far naufragare anche le relazioni più solide. Se pensavi che la comunicazione fosse complicata finora, preparati a scoprire un mondo ancora più insidioso!

La comunicazione patologica è come una partita di scacchi giocata con pezzi truccati: c'è chi usa strategie manipolative, chi fa mosse sporche e chi cerca di mettere l'avversario sotto pressione emotiva. In questo capitolo, esploreremo come riconoscere questi giochi mentali e come difendersi efficacemente.

6.1 Che Cos'è la Comunicazione Patologica?

Cominciamo con una definizione semplice: **la comunicazione patologica** è qualsiasi forma di comunicazione che si allontana dall'intento di costruire comprensione reciproca e, invece, cerca di manipolare, confondere o dominare l'altro. In altre parole, è quando qualcuno usa le parole come armi, non come ponti.

Questi comportamenti possono essere subdoli o espliciti, intenzionali o inconsapevoli, ma il loro effetto è sempre lo stesso: minano la fiducia, creano conflitti e lasciano una scia di negatività dietro di sé. E, credimi, anche se pensi di non essere mai stato vittima di comunicazione tossica, probabilmente ti sei trovato in mezzo a una di queste dinamiche più volte di quanto immagini.

Tipi comuni di comunicazione patologica

1. **Comunicazione aggressiva**: Qui, le parole diventano proiettili. La persona aggressiva alza la voce, usa un linguaggio duro e intimidatorio, e il suo obiettivo è vincere a tutti i costi, anche a spese della dignità altrui.

2. **Comunicazione passivo-aggressiva**: Questa è la forma di comunicazione tossica più sottile e, diciamolo, una delle più frustranti. I passivo-aggressivi non affrontano mai il problema direttamente; preferiscono lanciare frecciatine, fare commenti sarcastici o usare il silenzio come punizione.

3. **Comunicazione manipolativa**: Qui entriamo nel campo dei maestri dell'inganno. I manipolatori usano tattiche sottili per distorcere la realtà e far sembrare che il problema sia

sempre e solo degli altri. Sanno come giocare con le emozioni e far sentire gli altri in colpa o in debito.

4. **Gaslighting**: Forse il re di tutte le forme di manipolazione. Il gaslighting è una tecnica in cui una persona cerca di far dubitare l'altro delle proprie percezioni, memoria e persino della propria sanità mentale. Frasi come "Sei sicuro di averlo detto? Io non ricordo nulla di simile" sono il pane quotidiano del gaslighter.

6.2 I Segnali di Allarme della Comunicazione Tossica

La comunicazione tossica non si presenta con una grande insegna luminosa. È spesso mascherata da comportamenti che all'inizio possono sembrare innocui o persino affettuosi. Per questo motivo, è fondamentale imparare a riconoscere i **segnali di allarme** prima che diventino distruttivi.

1. Critiche costanti e svalutazione

Se qualcuno ti critica costantemente, sminuendo ogni tuo sforzo e facendoti sentire mai abbastanza bravo, sei di fronte a una dinamica tossica. Le critiche costruttive sono benvenute, ma quando diventano un'abitudine, servono solo a minare la tua autostima.

Esempio: "Sei davvero sicuro di voler fare così? A me sembra una decisione stupida, ma fai tu..."

2. Gioco della vittima

Il "gioco della vittima" è una tecnica comune nella comunicazione tossica. Il manipolatore si posiziona sempre come la parte offesa, facendoti sentire in colpa o responsabile dei suoi problemi, anche quando non hai fatto nulla di sbagliato.

Esempio: "Ah, certo, è sempre colpa mia, vero? Sono sempre io quello sbagliato, non importa cosa faccia!"

3. Minacce velate o implicite

Le minacce possono essere esplicite o sottili, ma il loro scopo è sempre lo stesso: mettere pressione e intimidire l'altro. Anche commenti del tipo "Fai come vuoi, ma non dire che non ti avevo avvertito" sono una forma di minaccia psicologica.

4. Silenzio come punizione

Il silenzio usato come arma è uno dei trucchi preferiti dai passivo-aggressivi. Ignorare deliberatamente una persona per punirla o per farla sentire colpevole è una tattica distruttiva che può logorare rapidamente qualsiasi relazione.

Esempio: Dopo una discussione, l'altra persona smette di rispondere ai tuoi messaggi e ti lascia nel dubbio per giorni.

6.3 Come Rispondere alla Comunicazione Patologica

Essere vittima di comunicazione tossica non significa che devi restare impotente. Ci sono tecniche e strategie che puoi utilizzare per difenderti e mantenere il controllo della situazione. Ecco come puoi **rispondere alla comunicazione patologica** senza cadere nella trappola del conflitto distruttivo.

1. Rimani calmo e controllato

Il primo passo per disinnescare una situazione di comunicazione tossica è **rimanere calmo**. L'aggressore si aspetta una reazione emotiva da parte tua, quindi la tua calma sarà il miglior antidoto. Respira profondamente, mantieni un tono di voce basso e rispondi in modo ponderato.

Tecnica: Usa la "tecnica del disco rotto", ripetendo tranquillamente la tua posizione senza lasciarti coinvolgere emotivamente. Esempio: "Capisco il tuo punto di vista, ma la mia opinione rimane la stessa."

2. Stabilisci limiti chiari

Una delle cose più difficili da fare con una persona tossica è stabilire dei confini. Ma è anche la cosa più efficace. Devi far capire chiaramente quale comportamento è accettabile e quale non lo è, e far rispettare quei limiti senza eccezioni.

Esempio: "Apprezzo la tua opinione, ma non tollererò critiche personali. Parliamo in modo costruttivo."

3. Non prendere l'attacco sul personale

Una delle armi principali della comunicazione patologica è far sentire l'altra persona in difetto. Ricorda: l'obiettivo di un comunicatore tossico è quello di manipolare le tue emozioni. Non permettere che il loro comportamento influenzi la tua autostima o il tuo senso di valore personale.

Tecnica: Visualizza uno "scudo mentale" che protegge le tue emozioni. Ricorda a te stesso che l'attacco riflette più sulla persona che lo fa che su di te.

4. Chiama il comportamento per quello che è

A volte, il modo più efficace per rispondere alla comunicazione tossica è **chiamarla per quello che è**. Quando sveli il gioco manipolativo, togli potere all'altra persona e metti in chiaro che non sei disposto a partecipare al suo gioco.

Esempio: "Mi sembra che tu stia cercando di farmi sentire in colpa. Parliamo del problema senza manipolazioni, va bene?"

6.4 Evitare di Cadere nella Comunicazione Tossica

Anche le persone benintenzionate possono scivolare in dinamiche tossiche quando sono sotto pressione o stress. Ecco alcune pratiche per assicurarti di non diventare tu stesso parte del problema.

1. Riconosci i tuoi trigger emotivi

Tutti noi abbiamo quei bottoni che, se premuti, ci fanno esplodere. Potrebbe essere una critica al tuo lavoro, un commento sul tuo aspetto o una frase che ti ricorda un'esperienza negativa del passato. Riconoscere i tuoi **trigger emotivi** ti aiuta a non reagire in modo impulsivo e a mantenere la calma.

2. Allenati nella comunicazione assertiva

L'assertività è il giusto equilibrio tra essere passivi e aggressivi. Significa esprimere i tuoi bisogni, opinioni e sentimenti in modo diretto ma rispettoso, senza sottometterti né prevaricare l'altro. Imparare a comunicare assertivamente è un'abilità preziosa che ti proteggerà dalla tossicità.

Esempio: "Mi sento ferito quando usi quel tono. Preferirei che parlassimo con più rispetto reciproco."

3. Sii consapevole del tuo linguaggio del corpo

Il linguaggio del corpo può tradire le nostre intenzioni e contribuire a una dinamica tossica senza che ce ne rendiamo conto. Assicurati di mantenere una postura aperta, un contatto visivo appropriato e un tono di voce calmo, anche quando discuti di argomenti scomodi.

6.5 Quando Allontanarsi è la Migliore Soluzione

A volte, non importa quanto sei bravo a gestire la comunicazione patologica, la situazione è semplicemente tossica a livelli insostenibili. Se ti accorgi che una persona continua a manipolarti, a sminuirti o a abusare del tuo tempo e delle tue emozioni, potrebbe essere il momento di **allontanarti**.

Quando è giusto allontanarsi?

1. **Quando la comunicazione è unilaterale:** Se sei sempre tu quello che cerca di risolvere i conflitti e l'altro si rifiuta di collaborare, è un segno che la relazione è squilibrata.

2. **Quando c'è abuso emotivo**: Non importa quanto ti sforzi di comunicare in modo sano, se c'è abuso psicologico, la tua priorità è proteggerti.

3. **Quando il rispetto reciproco è sparito**: Se entrambe le parti non riescono più a trattarsi con rispetto, è difficile che la comunicazione torni sana.

Esempio di chiusura: "Credo che sia meglio prendere un po' di tempo e spazio per entrambi. Non sto cercando di ignorarti, ma di proteggere il nostro rapporto da ulteriori danni."

Riprenditi il Potere nella Comunicazione

Abbiamo esplorato il mondo complesso e sfaccettato della comunicazione patologica e tossica. Abbiamo imparato a riconoscere i segnali di allarme, a identificare le tecniche manipolative e a usare strategie per disinnescare situazioni negative. La chiave è non permettere mai che le parole degli altri abbiano il potere di ferirti o manipolarti.

Ricorda, la comunicazione dovrebbe essere un ponte, non un campo di battaglia. E quando ti trovi di fronte a persone che usano la comunicazione come arma, hai ogni diritto di difenderti e di stabilire dei confini sani. Preparati al prossimo capitolo, dove entreremo nel mondo della **propaganda e manipolazione comunicativa**, per scoprire come le parole possono essere usate per influenzare e manipolare intere masse. Sei pronto?

Capitolo 7: Propaganda e Manipolazione Comunicativa

Ben arrivato nell'affascinante e insidioso mondo della **propaganda e manipolazione comunicativa**. Prepara la tua mente critica e i tuoi filtri anti-manipolazione, perché stiamo per scoprire come le parole, i messaggi e le immagini vengano usati come strumenti di persuasione e controllo. Se pensavi che la comunicazione fosse solo uno strumento di connessione, è ora di svegliarsi: benvenuto nel regno dove le parole sono armi, e la verità è spesso la prima vittima.

7.1 Cos'è la Propaganda? Una Definizione Diretta

Partiamo con una domanda semplice: **cos'è la propaganda?** Nella sua forma più pura, la propaganda è la comunicazione intenzionalmente progettata per influenzare l'atteggiamento o il comportamento delle persone. È uno strumento potente che usa tecniche di persuasione per orientare il pensiero pubblico in una direzione specifica. La propaganda non è né buona né cattiva per definizione; tutto dipende dagli scopi di chi la utilizza.

Esempio: Durante la Seconda Guerra Mondiale, i governi di tutto il mondo usarono la propaganda per aumentare il morale delle truppe, incoraggiare il sostegno alla guerra e demonizzare il nemico. Ma le stesse tecniche possono essere usate per manipolare, distorcere la verità e controllare le masse.

Le forme della propaganda

La propaganda si manifesta in varie forme: dagli slogan politici alle immagini persuasive, dagli spot pubblicitari alle notizie manipolate. Può essere palese, come un cartellone che invita a votare per un candidato, o subdola, come un meme sui social media che nasconde un messaggio politico dietro un'apparente battuta.

7.2 Le Tecniche Classiche della Propaganda: Come Funzionano

Entriamo ora nel cuore della questione: **le tecniche utilizzate nella propaganda**. Questi metodi sono raffinati e spesso progettati per colpire a livello emotivo, aggirando il pensiero critico. Vediamo insieme alcune delle tecniche più comuni e come vengono usate per influenzarci.

1. Ripetizione (Bandwagon Effect)

La ripetizione è una delle tecniche di propaganda più potenti e antiche. Funziona così: se senti qualcosa abbastanza spesso, inizi a credere che sia vero. È lo stesso principio che sta dietro ai jingle pubblicitari che ti restano in testa tutto il giorno. La ripetizione trasforma una semplice frase in un mantra convincente.

Esempio: Pensa a slogan come "Just Do It" o "Yes We Can". Sentiti ripetere questi messaggi milioni di volte e, prima di accorgertene, inizi a crederci e a farli tuoi.

2. Appello alle Emozioni

Gli esseri umani sono creature emotive, e la propaganda lo sa bene. L'appello alle emozioni è una tecnica che punta direttamente al cuore, bypassando la razionalità. La paura, l'amore, la rabbia, l'orgoglio: ogni emozione può essere usata come leva per spingerti a fare qualcosa o a credere in qualcosa.

Esempio: Immagini di cuccioli in spot di raccolta fondi per rifugi di animali, oppure video strazianti di disastri naturali usati per stimolare donazioni. L'obiettivo è coinvolgere il tuo cuore, non la tua mente.

3. Demonizzazione dell'Avversario

Questa tecnica si basa sulla creazione di un nemico comune. Si usano immagini negative, esagerazioni e false accuse per presentare l'avversario come una minaccia per la società. Demonizzare l'altro lato rafforza la coesione interna del gruppo e mobilita le persone contro un nemico percepito.

Esempio: In politica, vedere un avversario dipinto come "corrotto", "incompetente" o "pericoloso" non è una novità. Questa tecnica serve a distogliere l'attenzione dalle proprie debolezze.

4. Uso di Testimonial o "Appello all'Autorità"

Questa tecnica sfrutta la credibilità di una figura nota o di un esperto per sostenere un'idea o un prodotto. Se una celebrità dice che un prodotto è fantastico o che un candidato politico è eccezionale, molte persone ci credono senza farsi troppe domande.

Esempio: La pubblicità che mostra atleti famosi sostenere marche di scarpe da ginnastica o star di Hollywood che appoggiano una causa politica. L'idea è semplice: "Se lo dice lui, allora deve essere vero!"

5. False Dicotomie (Falsa Scelta)

Una delle tecniche di propaganda più insidiose è la falsa dicotomia, che riduce una questione complessa a una scelta tra due soli estremi: o sei con noi o sei contro di noi. Questa tecnica elimina le sfumature e costringe le persone a prendere posizione in modo binario.

Esempio: "O sostieni questa legge o sei contro la giustizia sociale."
Viene creato un falso dilemma che semplifica troppo le opzioni.

7.3 Manipolazione Comunicativa nei Media: Controllo del Messaggio

Nel mondo moderno, **i media giocano un ruolo cruciale** nella diffusione della propaganda. Con l'avvento di internet e dei social media, la manipolazione comunicativa è diventata più sottile e pervasiva. Scopriamo come funziona questo controllo del messaggio nel contesto attuale.

1. Bias di Conferma

I media sanno che tendiamo a credere più facilmente a ciò che conferma le nostre convinzioni esistenti. Questo fenomeno, noto come **bias di conferma**, viene sfruttato per creare contenuti che rafforzano le credenze del pubblico, senza mai sfidarle veramente. Le persone vengono incoraggiate a rimanere nelle loro bolle di informazione, dove tutto ciò che vedono è una conferma di quello che già credono.

Esempio: Algoritmi dei social media che ti mostrano solo notizie e post in linea con le tue opinioni politiche, facendoti credere che tutto il mondo la pensi come te.

2. Filtraggio delle Informazioni

Il filtraggio delle informazioni è una pratica in cui solo alcuni fatti vengono presentati, mentre altri vengono omessi. Questo permette ai media di raccontare una storia che appare completa, ma che in realtà è stata manipolata per orientare l'opinione pubblica in una direzione specifica.

Esempio: Un canale di notizie che mostra solo le parti più drammatiche di una protesta senza coprire i motivi pacifici che l'hanno scatenata.

3. Clickbait e Sensazionalismo

I titoli clickbait e il sensazionalismo sono tra le armi preferite dei media per attirare l'attenzione e manipolare le emozioni. Questi titoli esagerati e scandalistici sono progettati per far scattare una reazione emotiva immediata e spingerti a cliccare senza riflettere.

Esempio: "Non crederai a quello che è successo dopo!" oppure "Questo semplice trucco farà cambiare tutto!" - frasi che solleticano la tua curiosità ma raramente mantengono la promessa.

7.4 Come Proteggersi dalla Manipolazione Comunicativa

Ora che conosciamo le tecniche della propaganda e della manipolazione, vediamo come possiamo **difenderci** da queste strategie subdole. Esistono pratiche e atteggiamenti mentali che puoi adottare per diventare più critico e consapevole nei confronti dei messaggi che ricevi ogni giorno.

1. Pensa in modo Critico

La prima difesa contro la manipolazione è sviluppare un pensiero critico. Significa non accettare le informazioni al valore nominale, ma porre domande, esaminare le fonti e cercare prove concrete. Chiediti sempre: "Chi sta cercando di dirmi questo e perché? Qual è il loro interesse?"

Tecnica: Prima di credere a un'informazione, verifica se proviene da una fonte affidabile e confrontala con altre fonti indipendenti.

2. Identifica gli Appelli Emotivi

Se un messaggio cerca di suscitare una forte reazione emotiva - che sia paura, rabbia, o compassione - fai un passo indietro e rifletti. Gli appelli emotivi sono potenti, ma spesso vengono usati per manipolarti e farti reagire d'impulso.

Esempio: Se vedi una notizia allarmante che ti fa venire il panico, prenditi un momento per respirare e cerca fonti alternative che confermino o smentiscano quella notizia.

3. Riconosci le Fallacie Logiche

Molti messaggi manipolativi si basano su **fallacie logiche**, ossia argomentazioni ingannevoli che sembrano logiche ma in realtà non lo sono. Imparare a riconoscere queste fallacie ti permette di vedere attraverso le distorsioni e le trappole retoriche.

Esempio: Se qualcuno usa una falsa dicotomia ("O sostieni questo politico o sei un traditore"), riconosci che ci sono molte altre sfumature di opinione che non vengono considerate.

4. Non Cadere nel Conformismo

Uno degli effetti più potenti della propaganda è la pressione a conformarsi. Sentirsi parte di un gruppo può essere rassicurante, ma spesso ci fa accettare idee senza analizzarle criticamente. Sii coraggioso nel pensare con la tua testa, anche se questo significa essere in disaccordo con la maggioranza.

Tecnica: Fai sempre un passo indietro e chiediti: "Sto davvero pensando con la mia testa, o sto semplicemente seguendo la folla?"

7.5 L'Arte della Manipolazione: Il Lato Oscuro del Marketing

Non possiamo parlare di manipolazione comunicativa senza citare il **marketing**, uno degli ambiti dove questa abilità è più raffinata e sofisticata. Il marketing utilizza tecniche di persuasione che spesso sfiorano la manipolazione per farci desiderare, acquistare o accettare qualcosa.

1. Tecniche di Scarsità

Il principio di scarsità è una tecnica che crea un senso di urgenza. Se un prodotto è disponibile "solo per pochi giorni" o "fino a esaurimento scorte", ci sentiamo immediatamente sotto pressione per comprarlo. È un trucco per farci credere che l'opportunità è unica e irripetibile.

Esempio: "Solo per oggi, sconto del 50%! Non lasciartelo sfuggire!"

2. Effetto di Ancoraggio

L'effetto di ancoraggio si verifica quando la nostra percezione del valore di un prodotto è influenzata dal prezzo iniziale che vediamo. Se il prodotto è "scontato" da 100 a 50 euro, anche se vale effettivamente solo 50 euro, il nostro cervello pensa di fare un affare.

Esempio: Mostrare prima il prezzo pieno e poi lo sconto fa sembrare che tu stia ottenendo un grande vantaggio, anche se il prezzo scontato è quello reale.

Smonta il Potere della Propaganda

Abbiamo esplorato il mondo affascinante ma pericoloso della propaganda e della manipolazione comunicativa, rivelando le tecniche e le strategie usate per orientare le opinioni e manipolare i comportamenti. La chiave per non cadere vittima di queste tecniche è sviluppare una mente critica e consapevole, capace di vedere attraverso le distorsioni e di prendere decisioni basate su informazioni verificate.

La propaganda e la manipolazione sono ovunque, ma la buona notizia è che, con gli strumenti giusti, puoi proteggerti e mantenere il controllo della tua opinione e del tuo pensiero. Preparati ora per il prossimo capitolo, dove esploreremo **l'arte della comunicazione interpersonale** e come costruire relazioni autentiche e significative attraverso le parole.

Capitolo 8: L'Arte della Comunicazione Interpersonale

Benvenuto al **Capitolo 8**, dove esploriamo il cuore pulsante della comunicazione: **l'arte della comunicazione interpersonale**. Se i capitoli precedenti ci hanno insegnato come evitare trappole, manipolazioni e incomprensioni, qui ci concentriamo su come trasformare le nostre parole in strumenti di connessione autentica. Perché, alla fine, comunicare non è solo parlare; è costruire ponti tra le persone.

Immagina la comunicazione interpersonale come una danza: a volte è fluida e coordinata, altre volte è un po' goffa e caotica. Ma quando riesci a trovare il ritmo giusto, succede la magia. Le parole diventano il filo che unisce cuori, menti e anime. Quindi, affina le tue scarpe da ballo (o meglio, le tue abilità comunicative), e vediamo come possiamo diventare veri maestri di questa danza.

8.1 I Pilastri della Comunicazione Interpersonale

Per diventare un esperto nella comunicazione interpersonale, devi conoscere i **pilastri** che la sostengono. Sono i fondamenti che ti permettono di navigare con sicurezza nelle acque spesso turbolente delle relazioni umane. Senza di essi, le conversazioni possono facilmente naufragare.

1. Empatia

L'empatia è la capacità di metterti nei panni degli altri, di sentire ciò che provano e di vedere il mondo dalla loro prospettiva. È l'ingrediente segreto che trasforma una conversazione superficiale in una connessione profonda. L'empatia non si tratta solo di ascoltare le parole, ma di sentire le emozioni che le accompagnano.

Tecnica pratica: Prova a riformulare ciò che l'altra persona sta dicendo con frasi come "Capisco che ti senti frustrato perché..." o "Immagino che questo ti faccia sentire...". Mostrerai così che sei veramente coinvolto.

2. Ascolto attivo

Abbiamo già parlato dell'ascolto attivo, ma qui lo ribadiamo perché è la chiave di volta della comunicazione interpersonale. Non si tratta solo di sentire quello che l'altro dice, ma di ascoltarlo con intenzione, senza interrompere, senza distrarti con il cellulare o pensare a cosa rispondere.

Esempio: La prossima volta che qualcuno ti parla, spegni il telefono, fai un respiro profondo e fai attenzione non solo alle parole ma anche al tono di voce, al linguaggio del corpo e alle emozioni dietro al messaggio.

3. Autenticità

Sii te stesso! Sembra banale, vero? Eppure, la **genuinità** è una delle cose più difficili da trovare nelle conversazioni moderne, dove spesso ci nascondiamo dietro maschere sociali. Essere autentico non significa dire tutto ciò che ti passa per la testa senza filtri, ma esprimere i tuoi pensieri e sentimenti in modo sincero e onesto.

Tecnica: Usa frasi come "Voglio essere onesto con te..." oppure "Questa è la mia opinione sincera..." per segnalare che stai parlando dal cuore.

8.2 Superare le Barriere nella Comunicazione Interpersonale

Anche la comunicazione più fluida può incontrare **barriere** che la ostacolano. Questi ostacoli possono essere interni (come le tue emozioni) o esterni (come il contesto o la situazione). Identificare e superare queste barriere è fondamentale per mantenere viva la connessione con l'altro.

1. Preconcetti e Giudizi

I preconcetti sono come filtri sporchi: distorcono tutto ciò che diciamo e ascoltiamo. Quando giudichi qualcuno prima ancora che apra bocca, limiti la tua capacità di capirlo veramente. I giudizi ti impediscono di essere aperto e ricettivo nei confronti dell'altra persona.

Esempio: Prima di formare un'opinione, chiediti: "Sto davvero ascoltando o sto solo aspettando di confermare ciò che già penso?"

2. Ansia sociale

L'ansia sociale è una delle barriere più comuni nelle conversazioni interpersonali. Ci sentiamo nervosi, temiamo di non essere all'altezza o di dire qualcosa di stupido. Questa ansia ci fa chiudere in noi stessi e ci impedisce di esprimerci liberamente.

Tecnica: Prova la tecnica del "grounding", concentrandoti su qualcosa di concreto nel momento presente, come il respiro o i dettagli dell'ambiente, per calmare i nervi e restare concentrato sulla conversazione.

3. Rumore emotivo

Il rumore emotivo è tutto ciò che distrugge la tua capacità di ascoltare perché sei sopraffatto dalle tue emozioni. Rabbia, frustrazione, tristezza - tutte queste emozioni possono oscurare il tuo giudizio e trasformare una semplice conversazione in un campo di battaglia.

Esempio: Se sei arrabbiato, prenditi un momento per respirare prima di rispondere. Un respiro profondo può fare la differenza tra una risposta ponderata e una reazione impulsiva.

8.3 Tecniche per Migliorare la Comunicazione Interpersonale

Ora che conosciamo i fondamenti, è tempo di esplorare alcune **tecniche pratiche** che possono aiutarti a trasformare una conversazione ordinaria in un dialogo straordinario. Questi strumenti ti aiuteranno a creare connessioni autentiche e a comunicare con efficacia e grazia.

1. Domande aperte

Le domande aperte sono come porte spalancate che invitano l'altra persona a condividere di più. A differenza delle domande chiuse, che portano solo a risposte brevi, le domande aperte stimolano la riflessione e l'approfondimento.

Esempio: Invece di chiedere "Ti piace il tuo lavoro?", prova con "Cosa ti piace di più del tuo lavoro?". Noterai quanto cambia la qualità della risposta!

2. Riformulazione

La riformulazione è una tecnica di ascolto attivo che consiste nel ripetere ciò che l'altra persona ha detto con parole diverse. Questa pratica non solo dimostra che stai ascoltando, ma aiuta anche a chiarire eventuali fraintendimenti prima che diventino problemi.

Esempio: "Quindi, se ho capito bene, ti senti frustrato perché senti che il tuo lavoro non viene apprezzato. È così?"

3. Riconoscimento delle emozioni

Le emozioni sono il vero linguaggio della comunicazione interpersonale. Se non riconosci e rispondi alle emozioni dell'altro, perderai una parte fondamentale del messaggio. È come guardare un film in bianco e nero quando potresti godertelo a colori.

Tecnica: Se noti che l'altra persona è triste o frustrata, riconosci la sua emozione con frasi come "Capisco che questa situazione ti stia stressando" o "Sembra che tu sia un po' giù oggi".

8.4 Costruire Relazioni Autentiche e Significative

La comunicazione interpersonale non riguarda solo lo scambio di parole; è il mezzo attraverso il quale costruiamo **relazioni autentiche e**

significative. Una connessione vera non si basa solo su ciò che diciamo, ma anche su come facciamo sentire l'altra persona.

1. Dimostrare apprezzamento e gratitudine

Dire a qualcuno che apprezzi il suo supporto o che sei grato per qualcosa che ha fatto può sembrare un piccolo gesto, ma ha un impatto enorme. L'apprezzamento sincero rafforza il legame tra le persone e crea una base solida su cui costruire la relazione.

Esempio: "Grazie per essere stato così comprensivo oggi. Non sai quanto ho apprezzato il tuo sostegno."

2. Vulnerabilità

Mostrare vulnerabilità è un atto di coraggio e apertura che può trasformare una conversazione superficiale in una connessione profonda. Quando abbassi le tue difese e condividi qualcosa di personale, inviti l'altra persona a fare lo stesso.

Esempio: "So che non è facile parlarne, ma volevo dirti quanto mi ha colpito ciò che hai detto l'altro giorno. È stato molto significativo per me."

3. Costruire fiducia

La fiducia è il collante che tiene insieme qualsiasi relazione significativa. Non si costruisce in un giorno, ma ogni conversazione è un'opportunità per rafforzarla. Sii coerente, mantieni le promesse e rispetta sempre la parola data.

Tecnica: Dimostra affidabilità seguendo sempre ciò che dici con azioni concrete. Se prometti di ascoltare, fallo veramente, senza distrarti.

8.5 Il Ruolo della Comunicazione Non Verbale

La **comunicazione non verbale** è come il sottofondo musicale di una conversazione: è sempre presente e può influenzare il tono generale senza che ce ne accorgiamo. Il linguaggio del corpo, le espressioni facciali, i gesti e il contatto visivo parlano spesso più forte delle parole.

1. Postura e linguaggio del corpo

Una postura aperta e rilassata indica che sei disponibile e interessato alla conversazione. Evita di incrociare le braccia o di guardare costantemente l'orologio: questi segnali possono dare l'impressione che tu sia chiuso o impaziente.

Esempio: Inclina leggermente il corpo verso l'altra persona e mantieni un contatto visivo costante per dimostrare attenzione e coinvolgimento.

2. Micro-espressioni facciali

Le micro-espressioni sono movimenti facciali involontari che rivelano le emozioni vere di una persona. Sono difficili da controllare e spesso durano solo una frazione di secondo, ma possono dirti molto su cosa l'altro sta veramente provando.

Tecnica: Allenati a osservare le micro-espressioni di chi ti sta parlando per cogliere segnali di emozioni nascoste come la tristezza, la rabbia o la sorpresa.

3. Il potere del silenzio

Il silenzio non è solo l'assenza di parole; è uno strumento potente che può essere usato per creare spazio per la riflessione, per permettere all'altro di esprimersi o per dare enfasi a ciò che è stato appena detto.

Esempio: Dopo una rivelazione importante, lascia un momento di silenzio per permettere all'altra persona di elaborare ciò che ha sentito. A volte, il non dire nulla è il gesto più significativo.

L'Arte di Creare Connessioni Reali

La **comunicazione interpersonale** è molto più di un semplice scambio di parole; è l'arte di creare connessioni autentiche che possono trasformare le nostre relazioni e arricchire la nostra vita. Questo capitolo ci ha guidato attraverso i pilastri della comunicazione interpersonale, le tecniche per migliorare le conversazioni e i segreti per costruire relazioni significative.

In un mondo sempre più digitale e distaccato, l'abilità di comunicare in modo autentico e di ascoltare veramente è diventata una competenza preziosa e rara. Le vere connessioni si costruiscono con l'empatia, l'autenticità e la vulnerabilità, ingredienti che non si possono trovare in nessun messaggio di testo.

Sei pronto a trasformare le tue conversazioni quotidiane in momenti di vera connessione? Allora preparati per il prossimo capitolo, dove esploreremo il legame profondo tra **emozioni e comunicazione**, e scopriremo come le emozioni possono diventare alleati potentissimi nella nostra capacità di comunicare con il cuore.

Capitolo 9: Emozioni e Comunicazione

Sei pronto ad immergerti nel vasto oceano delle **emozioni e della comunicazione?** Preparati, perché questo è il regno dove parole e sentimenti si intrecciano in un ballo complesso e affascinante. In questo capitolo, esploreremo come le emozioni influenzano ogni parola che diciamo (e anche quelle che non diciamo), come possono guidare o sabotare le nostre interazioni e come possiamo usare questa consapevolezza per diventare comunicatori migliori.

Se pensavi che comunicare fosse solo una questione di scegliere le parole giuste, ti sbagliavi di grosso. Le emozioni – lo abbiamo già accennato - sono i veri direttori d'orchestra delle nostre conversazioni; dirigono il tono, il ritmo e persino le pause. Saperle riconoscere e gestire è come avere una mappa del tesoro nel mondo della comunicazione.

9.1 Il Potere delle Emozioni nella Comunicazione

Le emozioni sono come un fiume sotterraneo che scorre sotto ogni conversazione. Anche quando non le nominiamo direttamente, influenzano il modo in cui parliamo, ascoltiamo e rispondiamo. Ignorarle è come cercare di navigare senza bussola: potresti finire dove non volevi andare.

Come le emozioni influenzano la comunicazione

Le emozioni hanno un impatto su tre aspetti fondamentali della comunicazione:

1. **Il tono di voce**: Quando sei arrabbiato, il tono si alza; quando sei triste, diventa più sommesso. Anche se le parole sono le stesse, il tono può trasformare un semplice "Sto bene" in un messaggio di sfida, tristezza o indifferenza.

2. **Il linguaggio del corpo**: Le emozioni influenzano il modo in cui ti muovi, il tuo contatto visivo e persino la tua postura. Un sorriso forzato o una postura rigida parlano più di mille parole e rivelano la tua vera emozione, anche quando cerchi di nasconderla.

3. **La scelta delle parole**: Quando siamo sopraffatti dalle emozioni, tendiamo a scegliere parole più estreme o dram-

matiche. La calma porta chiarezza; la rabbia e la frustrazione portano esagerazione e rigidità.

Emozioni Positive vs. Emozioni Negative

Le emozioni si possono dividere in due grandi categorie: **positive** e **negative**. Le emozioni positive come la gioia, l'amore e la speranza favoriscono l'apertura, la connessione e la comprensione. Quelle negative come la rabbia, la paura e la tristezza tendono a chiudere i canali comunicativi e a creare conflitti.

Esempio pratico: Se inizi una conversazione con un tono di entusiasmo e positività, è molto probabile che l'altro risponda allo stesso modo. Al contrario, se parti con un tono cupo o aggressivo, preparati a incontrare resistenza.

9.2 Riconoscere le Emozioni nelle Conversazioni

Riconoscere le emozioni, sia le tue che quelle degli altri, è il primo passo per diventare un maestro della comunicazione. Ma attenzione: le emozioni non si manifestano sempre in modo diretto e chiaro; a volte si nascondono dietro un sorriso finto o un commento sarcastico.

1. Lettura delle emozioni altrui

Imparare a leggere le emozioni degli altri è un'arte che richiede osservazione e sensibilità. La chiave è prestare attenzione ai segnali non verbali: le micro-espressioni, il tono di voce, le pause nel discorso. Questi segnali sono spesso più sinceri delle parole stesse.

Tecnica pratica: Se il tuo interlocutore dice "Sto bene" ma ha le braccia incrociate e lo sguardo altrove, indovina un po'? Non sta bene per niente! Saper riconoscere questi segnali ti permette di adattare la tua risposta in modo empatico.

2. Essere consapevoli delle proprie emozioni

Anche le tue emozioni influenzano il modo in cui comunichi. Se non sei consapevole di come ti senti, rischi di proiettare il tuo stato emotivo sugli altri, distorcendo la conversazione. Prendere coscienza delle tue emozioni ti permette di rispondere invece che reagire.

Tecnica: Prima di parlare, fermati un momento e chiediti: "Come mi sento veramente in questo momento?" Se sei arrabbiato o frustrato, prova a fare un respiro profondo prima di rispondere.

9.3 Gestire le Emozioni nelle Conversazioni Difficili

Abbiamo tutti vissuto conversazioni difficili, quei momenti in cui senti la tensione crescere e le parole diventare taglienti come coltelli. La capacità di gestire le emozioni in questi momenti può fare la differenza tra una lite esplosiva e una risoluzione pacifica.

1. Tecniche per mantenere la calma

Quando le emozioni si scaldano, è fondamentale avere delle **tecniche per mantenere la calma**. Questo non significa reprimere ciò che senti, ma piuttosto regolare le tue reazioni in modo da non lasciarti travolgere.

- **Respirazione profonda:** Pratica il respiro profondo per calmare il tuo sistema nervoso. Conta fino a cinque mentre inspiri, trattieni per tre e poi espira lentamente. Questo aiuta a rilassare la mente e a evitare risposte impulsive.

- **Parlare lentamente:** Quando sei arrabbiato, tendi a parlare più velocemente e ad alzare la voce. Consapevolmente rallenta il tuo ritmo e abbassa il tono. Questo darà il segnale che stai cercando di mantenere il controllo.

2. Esprimere le emozioni senza ferire

Esprimere le tue emozioni in modo sano è un'abilità essenziale nella comunicazione emotiva. Non si tratta di evitare di parlare di ciò che provi, ma di farlo in modo che non metta l'altro sulla difensiva.

Tecnica: Usa frasi in prima persona come "Io mi sento..." invece di accusare l'altro. Dire "Mi sento ignorato quando non rispondi ai miei messaggi" è molto più efficace di "Non ti importa mai di quello che dico!".

9.4 Emozioni e Relazioni: Il Filo Invisibile

Le emozioni non sono solo il motore della comunicazione, ma anche il filo invisibile che tiene unite le relazioni. Imparare a navigare attraverso il mare delle emozioni non solo migliora la tua capacità di comunicare, ma rafforza anche i legami con le persone intorno a te.

1. Creare una connessione emotiva

Una comunicazione davvero efficace va oltre lo scambio di informazioni; si tratta di creare una connessione emotiva con l'altra persona. Questo avviene quando entrambe le parti si sentono comprese, valorizzate e rispettate.

Esempio: In una conversazione difficile, prova a fare una pausa e a chiedere: "Come ti fa sentire questa situazione?". Questa semplice domanda può aprire una porta verso una conversazione più profonda e sincera.

2. Riconoscere e validare le emozioni dell'altro

Validare le emozioni dell'altro non significa necessariamente essere d'accordo con ciò che dice, ma riconoscere che i suoi sentimenti sono reali e importanti. Questa è una delle chiavi per creare fiducia e intimità nelle relazioni.

Tecnica: Frasi come "Capisco perché ti senti così" o "È normale che tu provi questo in questa situazione" dimostrano che stai prendendo sul serio i sentimenti dell'altro.

9.5 Le Emozioni Come Strumenti di Comunicazione

Le emozioni non sono nemici da combattere; sono strumenti potenti che puoi usare per comunicare in modo più efficace. Quando impari a riconoscere e a sfruttare le emozioni, puoi orientare le conversazioni verso una direzione positiva e produttiva.

1. Usare l'emozione giusta al momento giusto

Non tutte le emozioni sono adatte a tutte le situazioni. Sapere quando usare la calma, l'entusiasmo, la serietà o persino un tocco di umorismo può fare la differenza in una conversazione.

Esempio: Se qualcuno è turbato, rispondere con empatia e un tono calmo aiuta a diffondere la tensione. Al contrario, se stai cercando di motivare un gruppo di persone, un tono entusiasta e incoraggiante è ciò che serve.

2. Trasformare le emozioni negative in dialogo costruttivo

Le emozioni negative non devono necessariamente rovinare una conversazione. In effetti, se gestite correttamente, possono diventare l'innesco per un dialogo più profondo e significativo.

Tecnica: Quando senti crescere un'emozione negativa, cerca di identificarne l'origine e trasformala in una domanda aperta. Ad esempio, se ti senti frustrato, potresti dire: "Cosa possiamo fare per risolvere questa situazione insieme?".

9.6 Evitare le Trappole Emotive nella Comunicazione

Anche i comunicatori più esperti possono cadere nelle **trappole emotive** durante una conversazione. Queste sono reazioni automatiche che spesso portano al conflitto invece che alla risoluzione. Essere consapevoli di queste trappole è il primo passo per evitarle.

1. Evitare la difesa a tutti i costi

Quando ci sentiamo attaccati, la nostra reazione istintiva è difenderci. Questo però spesso peggiora le cose, trasformando una conversazione in una lite. Invece di reagire impulsivamente, prova a fare una pausa e a chiederti se l'attacco è davvero personale o se si tratta solo di una percezione.

2. Non lasciare che la rabbia prenda il controllo

La rabbia è una delle emozioni più potenti e pericolose nella comunicazione. Quando sei arrabbiato, è facile dire cose che non pensi davvero o ferire l'altro. Allenati a prendere tempo prima di rispondere in modo che la tua risposta sia ponderata e non dettata dall'impulso.

Esempio: Se ti accorgi di essere troppo arrabbiato per rispondere in modo costruttivo, chiedi un po' di tempo per calmarti e rispondere quando sarai più lucido.

Il Cuore della Comunicazione

Abbiamo esplorato in profondità come **le emozioni siano il cuore pulsante della comunicazione**. Abbiamo visto come influenzano ogni aspetto delle nostre conversazioni, come riconoscerle, gestirle e usarle come strumenti potenti per creare connessioni autentiche e significative.

Imparare a navigare attraverso le emozioni, sia le proprie che quelle degli altri, è la chiave per diventare comunicatori straordinari. Ricorda: le emozioni non sono tue nemiche, ma alleate. Quando le usi consapevolmente, puoi trasformare anche le conversazioni più difficili in opportunità per crescere e connetterti a un livello più profondo.

Preparati ora per il prossimo passo, dove affronteremo l'ultimo pezzo del puzzle della comunicazione umana.

Conclusioni: Il Viaggio nella Comunicazione

Siamo finalmente arrivati alla fine di questo lungo viaggio attraverso il mondo della comunicazione umana. Ti sei fatto strada tra assiomi, teorie, emozioni e tecniche di manipolazione, e sei emerso con una nuova consapevolezza di quanto sia complesso e affascinante l'arte di comunicare. Se pensavi che la comunicazione fosse semplicemente uno scambio di parole, spero che ora tu la veda come un vero e proprio campo di battaglia, pieno di sfide, strategie e opportunità di connessione.

Ma, prima di salutarti, facciamo un ultimo passo indietro e rivediamo insieme il cammino che abbiamo percorso. Ripercorreremo i capitoli chiave, tireremo le somme di ciò che abbiamo imparato e daremo uno sguardo al quadro completo di come diventare comunicatori più efficaci, empatici e autentici.

La Comunicazione: Un'Arte e una Scienza

Iniziamo con una verità fondamentale: **comunicare non è mai stato facile.** È un'arte antica quanto l'umanità stessa, ma è anche una scienza che richiede studio e pratica. Abbiamo visto che comunicare non è solo trasmettere informazioni; è costruire connessioni, esprimere emozioni, e influenzare chi ci ascolta. È una danza complicata tra parole e gesti, silenzi e sguardi.

Riflessione sui Fondamenti

Abbiamo gettato le basi, esplorando i **fondamenti della comunicazione.** Abbiamo scoperto che comunicare non è un'azione unidirezionale, ma un processo che coinvolge trasmissione e ricezione di segnali, feedback, e molto altro ancora. Ricordi il modello di Shannon e Weaver? È stato come imparare l'alfabeto della comunicazione, un linguaggio che utilizziamo in modo intuitivo ogni giorno, ma che pochi di noi comprendono veramente.

E poi c'era il grande insegnamento del primo assioma di Watzlawick: **"Non si può non comunicare."** Ogni gesto, ogni silenzio, ogni espressione facciale è già un messaggio. Se prima pensavi che il silenzio fosse una via d'uscita elegante in una conversazione complicata, ora sai che anche quel silenzio ha un significato ben preciso!

I Modelli e le Teorie: Capire per Comunicare Meglio

Ah, i modelli e le teorie... Sembravano complicati all'inizio, vero? Ma ci siamo resi conto di quanto siano importanti per capire cosa sta accadendo durante una conversazione. I modelli di **Jakobson e il concetto di funzione poetica** ci hanno mostrato che ogni parola ha un valore aggiunto che va oltre il semplice significato letterale. È stato come imparare a leggere tra le righe e a cogliere i sottintesi.

E non dimentichiamoci dei **modelli interattivi e transazionali**, che ci hanno insegnato che la comunicazione è un processo dinamico e continuo. In altre parole, la conversazione non è un semplice ping-pong di parole, ma un vero e proprio scambio di emozioni e significati che si evolve nel tempo.

Il Cuore della Questione: Le Emozioni

Se c'è una cosa che abbiamo imparato è che **le emozioni sono le vere protagoniste della comunicazione**. Non importa quanto siamo logici e razionali: le nostre emozioni sono sempre lì, pronte a sabotare o a potenziare i nostri messaggi.

Abbiamo esplorato come le emozioni possano far deragliare una conversazione o, al contrario, trasformarla in un momento di connessione autentica. È stato affascinante scoprire come le emozioni non siano nemiche da evitare, ma strumenti potenti che possiamo usare per rendere le nostre parole più vere, più empatiche e più coinvolgenti.

Emozioni Positive e Negative

Abbiamo visto che le **emozioni positive** favoriscono l'apertura, la connessione e la comprensione, mentre quelle **negative** come la rabbia o la frustrazione possono alzare barriere impenetrabili. Ma il trucco non è ignorare queste emozioni negative; è imparare a trasformarle in dialoghi costruttivi. La chiave sta nel riconoscerle, accoglierle e usarle per costruire invece che distruggere.

Superare la Discomunicazione e le Manipolazioni

Non possiamo parlare di comunicazione senza ricordare le **trappole della discomunicazione** e le tecniche di manipolazione di cui abbiamo discusso. Abbiamo imparato a riconoscere le insidie della **comunicazione tossica**, come la passivo-aggressività e il gaslighting, e abbiamo scoperto come difenderci dalle manipolazioni della propaganda.

Forse la rivelazione più importante è stata che la **manipolazione comunicativa non è sempre intenzionale**. A volte, anche senza volerlo, possiamo usare tattiche che feriscono o ingannano, semplicemente perché siamo spinti dalle nostre paure, insicurezze o desideri nascosti. La consapevolezza di questi meccanismi ci permette di fare un passo indietro e di scegliere un modo di comunicare più autentico e rispettoso.

L'Arte di Ascoltare e il Potere del Silenzio

Nel nostro viaggio, abbiamo anche scoperto che il **silenzio non è un vuoto da riempire, ma uno spazio prezioso** che può arricchire le conversazioni. Abbiamo esplorato l'importanza dell'ascolto attivo e di come sia essenziale dare valore alle parole dell'altro senza interruzioni, giudizi o distrazioni.

L'ascolto attivo non è solo una questione di educazione, ma è un atto di cura e rispetto. Quando ascoltiamo veramente, diamo all'altra persona il dono della nostra attenzione completa. Ed è in quei momenti che le conversazioni si trasformano in connessioni autentiche.

La Comunicazione Interpersonale: Creare Connessioni Autentiche

Ci siamo poi portati nel territorio della **comunicazione interpersonale**, dove abbiamo imparato a costruire relazioni significative attraverso l'empatia, l'ascolto e la vulnerabilità. In un mondo sempre più digitale e distaccato, essere capaci di creare connessioni autentiche è una vera superpotenza.

Abbiamo visto come la genuinità, la disponibilità ad aprirci e la capacità di ascoltare con attenzione possano cambiare il modo in cui le persone si sentono attorno a noi. Alla fine, quello che conta non è tanto ciò che diciamo, ma come facciamo sentire l'altro mentre lo diciamo.

Il Gran Finale: Applicare Tutto Questo alla Vita di Tutti i Giorni

Ok, ora viene il momento cruciale: **come mettere in pratica tutto quello che abbiamo imparato?** Sì, perché la teoria è bella, ma se non riesci a usarla nelle tue conversazioni quotidiane, allora tutto questo viaggio sarebbe solo un esercizio intellettuale senza senso. E noi non vogliamo questo, giusto?

1. Fai un passo alla volta

Non cercare di cambiare tutto in una notte. Inizia con piccoli cambiamenti nelle tue conversazioni quotidiane. Prova a usare una tecnica di ascolto attivo con un amico, a riconoscere un'emozione nascosta durante una discussione o a essere più chiaro quando esprimi i tuoi pensieri.

2. Accetta i tuoi errori

Capita di sbagliare e di cadere nelle vecchie abitudini, e va bene così. La comunicazione è un'arte che si impara giorno dopo giorno, attraverso errori e successi. Sii paziente con te stesso e continua a lavorare su come puoi migliorare.

3. Sii consapevole e presente

La consapevolezza è la tua miglior alleata nel diventare un comunicatore migliore. Pratica la presenza mentale quando parli e ascolti. Non lasciare che la tua mente vaghi altrove; resta lì, nel momento, coinvolto in ogni parola che dici e che ascolti.

L'Ultima Riflessione: Comunicare per Creare

Quindi, eccoci qui, alla fine di questo viaggio epico attraverso il mondo della comunicazione. Abbiamo imparato che **comunicare non significa semplicemente trasferire parole**, ma creare legami, emozioni e significati che possono trasformare le nostre vite e quelle degli altri.

La comunicazione è la nostra magia più potente. Con le parole, possiamo sollevare gli altri, costruire ponti tra culture diverse, risolvere conflitti e persino cambiare il corso della storia. Ma con le stesse parole, possiamo anche ferire, dividere e distruggere. Sta a noi scegliere come usare questo potere.

Una Sfida Finale

Ora ti lancio una sfida: nei prossimi giorni, prova a mettere in pratica almeno una cosa che hai imparato in questo libro. Che sia ascoltare attivamente, esprimere un'emozione con sincerità o riconoscere una manipolazione, usa queste abilità per migliorare una conversazione con una persona importante nella tua vita.

Non devi essere perfetto, né aspettarti risultati miracolosi. Il semplice fatto di impegnarti a migliorare la tua comunicazione è già un grande passo verso relazioni più autentiche e significative.

Il Potere delle Tue Parole

E con questo, ti lascio con un'ultima riflessione: **le tue parole sono molto più potenti di quanto pensi**. Non sottovalutare mai il loro impatto. Ogni parola che scegli ha il potere di costruire o distruggere, di unire o dividere. Usa questa consapevolezza per parlare con gentilezza, per ascoltare con empatia e per connetterti con gli altri in modo vero e significativo.

E ricorda: il viaggio della comunicazione non finisce qui. Continua a esplorare, a imparare e a crescere, perché ogni conversazione è un'opportunità per diventare una versione migliore di te stesso.

Grazie per aver percorso questo cammino insieme a me. E ora, vai là fuori e trasforma il mondo, una conversazione alla volta.

Bibliografia

1. Fondamenti della Comunicazione

- Watzlawick, P., Beavin, J. H., & Jackson, D. D. (1967). *Pragmatics of Human Communication: A Study of Interactional Patterns, Pathologies, and Paradoxes.* Norton & Company.
  - Un testo fondamentale sui cinque assiomi della comunicazione e su come questi influenzano le interazioni umane.
- Shannon, C. E., & Weaver, W. (1949). *The Mathematical Theory of Communication.* University of Illinois Press.
  - Un classico che introduce il modello lineare della comunicazione, utile per comprendere la trasmissione delle informazioni.
- Jakobson, R. (1960). "Linguistics and Poetics". In *Style in Language* (a cura di T. A. Sebeok). MIT Press.

o   Esplora le funzioni del linguaggio secondo Jakobson, essenziali per capire i diversi usi della comunicazione.

2. Teorie e Modelli della Comunicazione

- Berlo, D. K. (1960). *The Process of Communication*. Holt, Rinehart, and Winston.

    o   Un approfondimento sul modello SMCR (Source-Message-Channel-Receiver) e sull'importanza di ogni componente nel processo comunicativo.

- Rogers, E. M., & Kincaid, D. L. (1981). *Communication Networks: Toward a New Paradigm for Research*. Free Press.

    o   Una panoramica su come i modelli di comunicazione interattiva e transazionale hanno evoluto la comprensione delle relazioni comunicative.

3. Emozioni e Comunicazione

- Goleman, D. (1995). *Emotional Intelligence: Why It Can Matter More Than IQ*. Bantam Books.

    o   Analizza il ruolo cruciale dell'intelligenza emotiva nelle interazioni sociali e nel miglioramento della comunicazione personale.

- Ekman, P. (1975). *Unmasking the Face: A Guide to Recognizing Emotions from Facial Clues*. Malor Books.
  - Un testo fondamentale per comprendere le micro-espressioni e la lettura delle emozioni nel volto umano.

4. Discomunicazione e Manipolazione

- Cialdini, R. B. (2006). *Influence: The Psychology of Persuasion*. Harper Business.
  - Un'analisi delle tecniche di persuasione e di come queste vengono utilizzate nella manipolazione comunicativa.
- Orwell, G. (1949). *1984*. Secker & Warburg.
  - Un romanzo che esplora la propaganda e la manipolazione della verità, concetti che sono rilevanti anche nella comunicazione moderna.

5. Comunicazione Interpersonale e Relazioni

- Tannen, D. (1990). *You Just Don't Understand: Women and Men in Conversation*. Ballantine Books.
  - Un'analisi delle differenze comunicative tra generi, utile per migliorare la comprensione delle dinamiche interpersonali.

- Rosenberg, M. B. (2003). *Nonviolent Communication: A Language of Life.* PuddleDancer Press.
  - Una guida pratica per imparare a comunicare in modo empatico e autentico, migliorando le relazioni interpersonali.

6. Silenzio e Ascolto Attivo

- Zorn, T. E. (1997). *The Manager's Guide to Effective Listening.* American Management Association.
  - Un testo che esplora le tecniche di ascolto attivo e il ruolo del silenzio nelle conversazioni professionali.

- Burgoon, J. K., Guerrero, L. K., & Floyd, K. (2010). *Nonverbal Communication.* Pearson.
  - Analizza l'importanza della comunicazione non verbale e del silenzio nelle interazioni sociali.

7. Propaganda e Manipolazione nei Media

- Ellul, J. (1965). *Propaganda: The Formation of Men's Attitudes.* Vintage Books.
  - Un testo classico sull'uso della propaganda e su come essa influisce sul pensiero e sui comportamenti delle masse.

- McLuhan, M. (1964). *Understanding Media: The Extensions of Man*. MIT Press.
  - o Una discussione sulla teoria secondo cui "il mezzo è il messaggio" e il suo impatto sulla percezione della comunicazione.

8. Tecniche di Persuasione e Manipolazione Comunicativa

- Kahneman, D. (2011). *Thinking, Fast and Slow*. Farrar, Straus and Giroux.
  - o Un'esplorazione delle due modalità di pensiero umano e di come queste influenzano le decisioni e la suscettibilità alla persuasione.
- Ariely, D. (2008). *Predictably Irrational: The Hidden Forces That Shape Our Decisions*. HarperCollins.
  - o Un'analisi di come le persone siano manipolate inconsciamente da fattori irrazionali e da tecniche di persuasione subdola.

9. Psicologia della Comunicazione e Relazioni Umane

- Bowlby, J. (1969). *Attachment and Loss: Volume I. Attachment*. Basic Books.

- o   Una lettura essenziale sulla teoria dell'attaccamento e il suo ruolo nelle relazioni umane e nella comunicazione emotiva.
- Gladwell, M. (2000). *The Tipping Point: How Little Things Can Make a Big Difference*. Little, Brown and Company.
  - o   Esplora come piccoli cambiamenti nella comunicazione possano influenzare grandi trasformazioni sociali e relazionali.

10. Gestione del Conflitto e Risoluzione dei Problemi Comunicativi

- Fisher, R., & Ury, W. (1981). *Getting to Yes: Negotiating Agreement Without Giving In*. Penguin Books.
  - o   Un manuale su come gestire i conflitti e negoziare in modo efficace, mantenendo la comunicazione aperta e rispettosa.
- Stone, D., Patton, B., & Heen, S. (1999). *Difficult Conversations: How to Discuss What Matters Most*. Penguin Books.
  - o   Una guida per affrontare le conversazioni difficili con sicurezza, empatia e chiarezza.